Sephardic / Israeli
[Weekday]

ב"ה

My Siddur

הַסִּדּוּר שֶׁלִּי

Nusach Ari - Chabad

Selected Prayers for Weekdays

Hebrew with English Transliteration
Sephardic / Israeli Style Pronunciation

This Siddur belongs to

____

is not a complete Siddur.
urn to pray in Hebrew.

My Siddur / HaSiddur Sheli 3.01 [Weekday]
Nusach Ari - Chabad, Hebrew with English Transliteration
Sephardic / Israeli Style Pronunciation

First Edition, Chai Elul 5768, September, 2008
Second Edition, Chai Elul 5773, August, 2013
Third Edition, 3 Tamuz, 5774, June, 2014

Copyright © 2008 - 2014 Rabbi Chayim B. Alevsky
www.ToolsforTorah.com
Info@ToolsforTorah.com (203) 887-6044

All rights reserved.
No part of this book may be reproduced in any manner whatsoever
without permission from Rabbi Chayim B. Alevsky.

Proceeds from the sales of this book will enable more
Tools for Torah to be created and published.

This Siddur contains the holy Name of Hashem;
please treat it with the proper respect.

To the Rebbe
Rabbi Menachem M. Schneerson
who inspires us
to live meaningful lives
transforming our world into a place
where Hashem feels at home.

In Appreciation
of the Chabad Shluchim, Shluchot and their families
who tirelessly inspire and brighten the future
with the Rebbe's vision.

May they grow
from strength to strength
bringing nachat to Hashem
the Rebbe and all of Israel.

We Want Moshiach Now!

My Siddur – Customized!
Personalize the cover and a dedication page of My Siddur
for your personal/communal simchas, organizations, events, groups.

My Siddur's **Digitally Animated Edition**
and various Hard-Cover, Color Interior Editions
are available for full or partial sponsorship.

My Siddur is available (at the time of this printing) in these 4 editions*:
1. Weekday [This edition]
2. Weekday, Holiday, Bentching**
3. Shabbat, Holiday, Bentching
4. Weekday, Shabbat, Holiday, Bentching***

*All the Siddurim are Nusach Ari / Chabad and available in Sephard / Israeli style (Shabbat) and Ashkenaz / American style (Shabbos) transliterations.
**Also includes Shabbat Kiddush & Torah / Haftarah Blessings.
***The common weekday prayers are not duplicated for Shabbat so there's lots of "flipping pages" during the Shabbat prayers. Not recommended for regular Shabbat davening.

New Siddurim *in progress*:
5. My Siddur Translated, with non-literal, child-friendly translation. No transliteration.
6. My Siddur Hebrew Only. Without translations or transliterations. Just clear, large type.
7. Transliterated Bentcher with customizable cover for your simcha.
8. Translated Bentcher with customizable cover for your simcha.

See more and order on
www.ToolsforTorah.com

May all our prayers
pierce the heavens and reach G-d's throne,
swiftly returning with a positive response!

My Siddur | Table of Contents

הַקְדָּמָה וְהַקְדָּשׁוֹת	Introduction & Credits	
אָלֶף-בֵּית	Aleph Bet	1

בִּרְכוֹת הַשַּׁחַר
Morning Blessings

מוֹדֶה אֲנִי	Modeh Ani	4
נְטִילַת יָדַיִם	Netilat Yadayim	4
אֲשֶׁר יָצַר	Asher Yatzar	5
אֱ-לֹקַי נְשָׁמָה	Elokai Neshama	6
בִּרְכוֹת הַשַּׁחַר	Birchot HaShachar	7
הַמַּעֲבִיר שֵׁנָה	Hama'avir Shayna	9
יְהִי רָצוֹן	Yehi Ratzon	11
בִּרְכוֹת הַתּוֹרָה	Birchot HaTorah	12
בִּרְכַּת כֹּהֲנִים	Birkat Kohanim	13
אֵלוּ דְבָרִים	Eilu Devarim	14
עַל מִצְוַת צִיצִית	Al Mitzvat Tzitzit	15

שַׁחֲרִית לְחוֹל
Weekday Morning Prayers

הַלְבָּשַׁת טַלִּית	Talit	16
הֲנָחַת תְּפִילִין	Tefilin	17
הֲרֵינִי מְקַבֵּל	Hareini Mekabel	18
מַה טֹּבוּ	Ma Tovu	18
אֲדוֹן עוֹלָם	Adon Olam	19
קָרְבָּנוֹת	Korbanot	20

פְּסוּקֵי דְזִמְרָה
Verses of Praise

22	הוֹדוּ	Hodu
23	מִזְמוֹר שִׁיר - ה' מֶלֶךְ - הוֹשִׁיעֵנוּ	Samplings
24	בָּרוּךְ שֶׁאָמַר	Baruch She'Amar
26	מִזְמוֹר לְתוֹדָה - יְהִי כְבוֹד	Samplings
27	אַשְׁרֵי	Ashrei
30	הַלְלוּיָ-הּ	Halelukah Psalm Samplings
31	הַלְלוּיָ-הּ הַלְלוּ אֵ-ל	Halelukah: Halelu Keil
32	בָּרוּךְ ה' - וַיְבָרֶךְ - וְכָרוֹת - וַיּוֹשַׁע - אָז יָשִׁיר	Samplings
34	יִשְׁתַּבַּח	Yishtabach
36	בָּרְכוּ	Barchu

בִּרְכוֹת קְרִיאַת שְׁמַע
Blessings of Shema

36	יוֹצֵר אוֹר	Yotzer Or
37	הַמֵּאִיר - לָאֵ-ל - תִּתְבָּרֵךְ - אֶת שֵׁם	Samplings
37	קָדוֹשׁ\בָּרוּךְ	Kadosh/Baruch
38	לָאֵ-ל בָּרוּךְ	La·Keil Baruch
39	אַהֲבַת עוֹלָם	Ahavat Olam

שְׁמַע
Shema

40	שְׁמַע	Shema
41	וְאָהַבְתָּ	V'ahavta
42	וְהָיָה	V'haya
45	וַיֹּאמֶר	Vayomer

בִּרְכוֹת קְרִיאַת שְׁמַע
Blessings After Shema

46	וְיַצִּיב	V'yatziv
47	עֶזְרַת	Ezrat
47	מִי כָמֹכָה	Mi Chamocha
47	שִׁירָה חֲדָשָׁה	Shira Chadasha

My Siddur | Table of Contents

עֲמִידָה\שְׁמוֹנֶה עֶשְׂרֵה - Amida/Sh'moneh Esrei

48 שְׁמוֹנֶה עֶשְׂרֵה | Sh'moneh Esrei *Overview*
49 מָגֵן אַבְרָהָם | #1 Magen Avraham
50 אַתָּה גִבּוֹר | #2 Ata Gibor
51 אַתָּה קָדוֹשׁ | #3 Ata Kadosh
51 אַתָּה חוֹנֵן | #4 Ata Chonein
52 הֲשִׁיבֵנוּ | #5 Hashiveinu
52 סְלַח לָנוּ | #6 Selach Lanu
53 רְאֵה נָא | #7 Re'ei Na
53 רְפָאֵנוּ | #8 Refa'einu
54 בָּרֵךְ עָלֵינוּ | #9 Bareich Aleinu
55 תְּקַע | #10 T"kah
55 הָשִׁיבָה | #11 Hashiva
56 וְלַמַּלְשִׁינִים | #12 V'lamalshinim
57 עַל הַצַּדִּיקִים | #13 Al Hatzadikim
58 וְלִירוּשָׁלַיִם | #14 V'lirushalayim
58 אֶת צֶמַח | #15 Et Tzemach
59 שְׁמַע קוֹלֵנוּ | #16 Shema Koleinu
59 רְצֵה | #17 R'tzay
60 מוֹדִים | #18 Modim
62 שִׂים שָׁלוֹם | #19 Sim Shalom
63 אֱ-לֹקַי נְצוֹר | Elokai N'tzor
64 עֹשֶׂה שָׁלוֹם | Oseh Shalom

סוֹף הַתְּפִילָה - Concluding Prayers

65 לַמְנַצֵּחַ | Lam'natzeiach
66 שִׁיר שֶׁל יוֹם | Shir Shel Yom
68 אֵין כֵּא-לֹקֵינוּ | Ein kElokeinu
69 לְמַעַן אַחַי | Lema'an Achai
70 עָלֵינוּ | Aleinu
72 וְעַל כֵּן | V'al Kayn

74 אַל תִּירָא | Al Tira
75 שֵׁשׁ זְכִירוֹת | Six Remembrances
76 קַדִּישׁ | Kaddish
79 תְּפִילַת הַדֶּרֶךְ | Traveler's Prayer

בְּרָכוֹת רְגִילוֹת - Common Blessings

80 בָּרָק\רַעַם\קֶשֶׁת | Lightning Thunder Rainbow
80 מְזוּזָה\חַלָּה | Mezuzah/Challah
80 טְבִילַת כֵּלִים | Immersing Vessels
81 קְרִיאַת שְׁמַע עַל הַמִּטָּה | Bedtime Shema
82 הַמַּפִּיל | Hamapil
83 יַעֲלֶה וְיָבֹא | Ya'ale V'yavo
84 לְדָוִד ה׳ אוֹרִי | L'David Hashem Ori
85 וְעַל הַנִּסִּים לַחֲנֻכָּה וּפוּרִים | V'al Hanisim
88 סְפִירַת הָעוֹמֶר | Sefirat Ha'Omer

97 בִּרְכוֹת הַנֶּהֱנִין וּבְרָכָה אַחֲרוֹנָה - Food Blessings

יב פְּסוּקִים - 12 Pesukim

106 תּוֹרָה | Torah
106 שְׁמַע | Shema
107 בְּכָל | B'chol
107 כָּל יִשְׂרָאֵל | Kol Yisrael
108 כִּי קָרוֹב | Ki Karov
108 וְהִנֵּה | V'hinei
109 בְּרֵאשִׁית | Bereisheet
109 וְשִׁנַּנְתָּם | V'shinantam
110 יָגַעְתִּי | Yagati
110 וְאָהַבְתָּ | V'ahavta
111 וְזֶה | V'zeh
111 יִשְׂמַח | Yismach

B"H

"Sulam mutzav artza, v'rosho magia hashamaima – zohi tefila."
A ladder set on the ground, whose tip reaches the heavens - this is prayer. — The Zohar

The word "*tefila*" shares its root with "*tofel*" meaning "to attach."
Through *tefila* we attach, connect and bind ourselves to Hashem, our Creator. — Chassidic Teaching

My Siddur is designed to help climb the ladder of *tefila* in its original Hebrew, while focusing on the personal meaning and relevance of our prayers.

My Siddur features:
- **Large Hebrew text** for easy reading.
- **English Transliteration, divided by syl·la·bles** for accurate reading.
- **Mini Meditations** to help focus on the main theme of the *tefila*.
- **Bolded, Translated Keywords** in each *tefila*, for a glance during prayer and for guided discussion.
- **Starred Shva Na** for accurate Hebrew pronunciation.
- **Labeled Audio Trax** to hear and practice the correct pronunciation of each *tefila* (online or CD).
- **Prayers divided into short phrases, each on its own line,** for easy reading and comprehension.
- **Line Numbers** for tracking in class or group settings.

There are two versions of this *Nusach Ari - Chabad Siddur*, differing only in the pronunciation style of the transliteration, Sephardic and Ashkenazic (i.e. "Shabbat" vs. "Shabbos").

This Siddur has the *Sephardic (Israeli) style* pronunciation.

About the Transliteration

My Siddur features words spelled out exactly as they sound (in the USA) to minimize confusing rules.

You may notice words transliterated differently than their common pronunciation. We did our best to transliterate the words accurately. (See "Transliteration Tips" on page ז.)

While the Siddur text transliteration is accurate, the table of contents, titles and instructions are written with the more commonly used transliterations.

Transliteration Tips:

1. Every *shva na* is honored with a "'" as in "ki·d'sha·nu."
2. The "ch" is pronounced as in the word "**Ch**allah."
3. Good to know: *kamatz katan* and *chataf kamatz* are read "oh" not "ah."
   e.g. the word "בְּחָכְמָה" is pronounced "b'choch·ma," not "b'chach·ma."

My Siddur | Credits

Acknowledgements

With deep gratitude to G-d Almighty for enabling me to assist others on their spiritual journey, special thanks also goes to some who played a major role in the production of My Siddur;

Mrs. Rivkie Block for the original Siddur and Tefila Trax CD companion idea.

Rabbi Yosef B. Friedman of Merkos L'Inyonei Chinuch for granting permission to use the text of Siddur Tehilat Hashem in My Siddur.

Rabbi Yosef Hartmann for his ever ready, wise and practical assistance in all my publications, and Dr. Michael Abrahams for insights into the *tefilot*.

Chaya Mushka Braude for the majority of the brainstorming, transliterating, editing and formatting assistance. Chana (Eisenberg) Roberts, Rabbis Nochum Katsenelenbogen, Moshe Zaklikowski, Alex Heppenheimer and Shmuel Rabin for proofreading.

Rabbi Yossi Freedman (Argentina) for his invaluable direction, layout expertise and assistance.

Chava (Levin) Light for the magnificent cover art (ChavaStudios.com).

Rabbi Nissan Mindel OBM, whose books "My Prayer" volumes 1 & 2 (published by Kehot) inspired most of the Mini Meditations and explanations in My Siddur. (I urge anyone seriously interested in understanding and appreciating the concept of prayers in general and / or the specifics of each *tefila*, to read his priceless, beautifully written books.)

Rabbis Kugel, Ossey and Fried, the wonderful Shluchim of Chabad of the West Side, NYC, for their encouragement and support in "My Siddur" and other Tools for Torah publications. Our family is honored to be part of their team!

Mr. George Rohr and Rabbi Yossel Gutnick for their pioneering support of the first edition.

Most of all, my wife Sarah, for her incredible character and talent, thriving with all our family and work responsibilities while I am in "My Siddur" (and other publications') world, and also for the beautiful design of the Siddur pages and cover. To my children, Chana Mushka, Shayna Ruchama, Yehudis Bracha and Maryasha Esther for their continued enthusiasm and help.

Hashem loves to hear our prayers. Let us all pray that Hashem finally listen to His children's prayers and sends His righteous Moshiach, to take us all out of this *galut* (exile) and return us to the new, rebuilt Jerusalem where we will once again pray and serve Hashem in the *Beit Hamikdash* - the Holy Temple. May it happen now!

Rabbi Chayim B. Alevsky

3 Tamuz, 5774, July, 2014,
New York

My Siddur | Instructions

How do I use *My Siddur*?

MINI MEDITATIONS... ...are these purple boxes above the *tefila*.
They help you medidate on the theme of the prayer.

KEYWORDS are the **bolded** words in the *tefila* text which appear with their loose translations at the bottom of the page. They provide an "at a glance" clue about the meaning of the *tefila*.

mo·deh   a·ni   l'fa·ne·cha
מוֹדֶה אֲנִי לְפָנֶיךָ,   1

מוֹדֶה
thanks

 **Sit, stand, bow?**

These little figures guide us in the position we should be during each *tefila*.

🎵 **Music/Audio:** You can pray, chant and sing along with our five professionally recorded, clearly articulated companion CDs. *Tefilot* are labled with their CD track #.

Notice the five styles of audio symbols, for each of the **five Trax series** for *My Siddur*:

🎵Tefila II, 🎵Bentching II, 🎵Kabalat Shabbat, 🎵Shabbat Day and 🎵Holiday.*

SEE A CD LIST AND LEARN ABOUT HOW THE AUDIO CDs WORK,
IN THE BACK PAGES OF THIS SIDDUR.

CDs and mp3 downloads can be purchased on ToolsforTorah.com, iTunes or Amazon.

My Siddur & the Bentching are currently available as Apps in iTunes etc.
Search for "My Siddur" and "Birkon" to listen the tefilot as you read them.

The world's first animated "**Living Siddur**" is in the midst of bringing the letters to life. Partner with us and see more on ToolsforTorah.com.

*When a tefila already exists elsewhere in My Siddur, its referring symbol is shaded:

Hebrew Aleph Bet Mini Guide

Letters sound like the *beginning* of their name, when a vowel is applied.
A ָ (*kamatz*) under an א: "אָ" is "ah." A ָ under a בּ: "בָּ" is "bah," etc.

Sound	Letter	Sound	Letter	Sound	Letter
P	פּ pay	K	כּ kaf	Sounds like its vowel	א aleph
F	פ fay	CH (kh) (Challah)	כ chaf	B	בּ bet
F	ף fay sofit	CH (kh)	ך chaf sofit	V	ב vet
TS	צ tzadik	L	ל lamed	G (hard)	ג gimel
TS	ץ tzadik sofit	M	מ mem	D	ד dalet
K	ק koof	M	ם mem sofit	H	ה hay
R	ר raysh	N	נ noon	V	ו vav
SH	שׁ shin	N	ן noon sofit	Z	ז zayin
S	שׂ sin	S	ס samech	CH (Challah)	ח chet
T	תּ tav	Sounds like its vowel	ע ayin	T	ט tet
T	ת tav			Y	י yood

Hebrew Vowels Guide

Vowels sound like the *beginning* of their name, when combined with a letter.

As in:	With א = Sounds	Vowel
ch**a**llah	ah = אָ ("oh" when it's a *kamatz katan*)	ָ K**a**matz
ch**a**llah	ah = אַ	ַ P**a**tach
oy v**ay**!	ay = אֵ	ֵ Tz**ay**reh
echo	eh = אֶ	ֶ S**e**gol
Isra**i**l	ih = אְ (silent unless it begins the syllable)	ְ Shi**h**va
oh yes!	oh = אֹ	ֹ Ch**o**lam
s**ee**	ee = אִ	ִ Ch**ee**reek
z**oo**	oo = אֻ	ֻ K**oo**bootz
z**oo**	oo = אוּ	וּ Sh**oo**rook
oh yes!	oh = אֳ	ֳ Chataf K**a**matz
ch**a**llah	ah = אֲ	ֲ Chataf P**a**tach
echo	eh = אֱ	ֱ Chataf S**e**gol

Aleph Bet אַלֶף-בֵּית

Letter	Name	Value
א	Aleph	1
בּ	Bet	2
ב	Vet	
ג	Gimmel	3
ד	Dalet	4
ה	Hay	5
ו	Vav	6
ז	Zayin	7
ח	Chet	8
ט	Tet	9
י	Yud	10
כּ	Kaf	20
כ	Chaf	
ך	Chaf Sofit	
ל	Lamed	30
מ	Mem	40
ם	Mem Sofit	
נ	Noon	50
ן	Noon Sofit	
ס	Samech	60
ע	Ayin	70
פּ	Pay	80
פ	Fay	
ף	Fay Sofit	
צ	Tzadi(k)	90
ץ	Tzadi(k) Sofit	
ק	Koof	100
ר	Reish	200
שׁ	Shin	300
שׂ	Sin	
תּ	Tav	400
ת	Tav	

Vowels הַנְּקֻדּוֹת

♫ 02

♫ 03

Name	Hebrew
Kamatz	קָמַץ
Patach	פַּתָּח
Tzayreh	צֵירֶה
Segol	סֶגוֹל
Shihva	שְׁבָא
Cholam	חוֹלָם
Cheereek	חִירִק
Koobootz	קִבּוּץ
Shoorook	שׁוּרֶק
Chataf Kamatz	חֲטַף קָמַץ
Chataf Patach	חֲטַף פַּתָּח
Chataf Segol	חֲטַף סֶגוֹל

Practice Page

Kamatz קָמַץ

אָ בָּ בָ גָ דָ הָ וָ זָ חָ טָ יָ כָּ כָ לָ מָ נָ סָ עָ פָּ פָ צָ קָ רָ שָׁ שָׂ תָּ תָ ♫ 04

Patach פַּתַח

אַ בַּ בַ גַ דַ הַ וַ זַ חַ טַ יַ כַּ כַ לַ מַ נַ סַ עַ פַּ פַ צַ קַ רַ שַׁ שַׂ תַּ תַ

Tzayreh צֵירֵה

אֵ בֵּ בֵ גֵ דֵ הֵ וֵ זֵ חֵ טֵ יֵ כֵּ כֵ לֵ מֵ נֵ סֵ עֵ פֵּ פֵ צֵ קֵ רֵ שֵׁ שֵׂ תֵּ תֵ

Segol סֶגוֹל

אֶ בֶּ בֶ גֶ דֶ הֶ וֶ זֶ חֶ טֶ יֶ כֶּ כֶ לֶ מֶ נֶ סֶ עֶ פֶּ פֶ צֶ קֶ רֶ שֶׁ שֶׂ תֶּ תֶ

Cheereek חִירִק

אִ בִּ בִ גִ דִ הִ וִ זִ חִ טִ יִ כִּ כִ לִ מִ נִ סִ עִ פִּ פִ צִ קִ רִ שִׁ שִׂ תִּ תִ

Shihva שְׁוָא

אְ בְּ בְ גְ דְ הְ וְ זְ חְ טְ יְ כְּ כְ לְ מְ נְ סְ עְ פְּ פְ צְ קְ רְ שְׁ שְׂ תְּ תְ

Koobootz קֻבּוּץ

אֻ בֻּ בֻ גֻ דֻ הֻ וֻ זֻ חֻ טֻ יֻ כֻּ כֻ לֻ מֻ נֻ סֻ עֻ פֻּ פֻ צֻ קֻ רֻ שֻׁ שֻׂ תֻּ תֻ

Shoorook שׁוּרֶק

אוּ בּוּ בוּ גוּ דוּ הוּ ווּ זוּ חוּ טוּ יוּ כּוּ כוּ לוּ מוּ נוּ סוּ עוּ פּוּ פוּ צוּ קוּ רוּ שׁוּ שׂוּ תּוּ תוּ

Cholam חוֹלָם

אֹ בֹּ בֹ גֹ דֹ הֹ וֹ זֹ חֹ טֹ יֹ כֹּ כֹ לֹ מֹ נֹ סֹ עֹ פֹּ פֹ צֹ קֹ רֹ שֹׁ שֹׂ תֹּ תֹ

Cholam חוֹלָם

אוֹ בּוֹ בוֹ גוֹ דוֹ הוֹ ווֹ זוֹ חוֹ טוֹ יוֹ כּוֹ כוֹ לוֹ מוֹ נוֹ סוֹ עוֹ פּוֹ פוֹ צוֹ קוֹ רוֹ שׁוֹ שׂוֹ תּוֹ תוֹ

Everyday/Weekday Prayers

Read about the audio tracks and icons
in the back pages of this siddur.

My Siddur | Birchot Hashachar, Morning Blessings

Modeh Ani

Thank you, Hashem, for your kindness.
You returned my soul to me, refreshed.

Our very first words as we wake up in the morning. We are grateful and we show it!

1. מוֹדֶה אֲנִי לְפָנֶיךָ,
   mo·deh   a·ni   l'fa·ne·cha

2. מֶלֶךְ חַי וְקַיָּם,
   Meh·lech   chai   v'ka·yahm

3. שֶׁהֶחֱזַרְתָּ בִּי נִשְׁמָתִי בְּחֶמְלָה,
   sheh·heh·che·zar·ta   bee   neesh·ma·ti   b'chem·la

4. רַבָּה אֱמוּנָתֶךָ.
   ra·ba   eh·mu·na·teh·cha

מוֹדֶה	מֶלֶךְ	נִשְׁמָתִי	אֱמוּנָתֶךָ
thanks	King	soul	faith

Netilat Yadayim

The Mitzvah to wash our hands,
to purify ourselves from the impurities of sleep.

We pour water from a large cup onto our hands (preferably at our bedside),
right - left, right - left, right - left.
After we take care of our bodily needs, we wash again the same way, at a sink
(in the kitchen or anywhere outside the restroom), and say:

5. בָּרוּךְ אַתָּה יְיָ, אֱלֹהֵינוּ, מֶלֶךְ הָעוֹלָם,
   Ba·ruch   A·ta   Adonai   Elohaynu   Meh·lech   ha·o·lahm

6. אֲשֶׁר קִדְּשָׁנוּ בְּמִצְוֹתָיו, וְצִוָּנוּ עַל נְטִילַת יָדָיִם.
   ah·sher   ki·d'sha·nu   b'meetz·vo·tav   v'tzi·va·nu   al   n'ti·laht   ya·da·yeem

קִדְּשָׁנוּ	בְּמִצְוֹתָיו	נְטִילַת יָדָיִם
He made us holy	with His commandments	washing hands

My Siddur | Birchot Hashachar, Morning Blessings

ASHER YATZAR

Thank you, Hashem for my health, allowing my complex body to function properly.

(This *bracha* is also recited every time we use the restroom, after washing our hands.)

1. בָּרוּךְ אַתָּה יְיָ, אֱלֹהֵינוּ, מֶלֶךְ הָעוֹלָם,
   Ba·ruch   A·ta   Adonai   Elohaynu   Meh·lech   ha·o·lahm

2. אֲשֶׁר יָצַר אֶת הָאָדָם בְּחָכְמָה,
   ah·sher   ya·tzar   et   ha·ah·dahm   b'choch·ma

3. וּבָרָא בוֹ נְקָבִים נְקָבִים, חֲלוּלִים חֲלוּלִים,
   u·va·ra   vo   n'ka·veem   n'ka·veem   cha·lu·leem   cha·lu·leem

4. גָּלוּי וְיָדוּעַ לִפְנֵי כִסֵּא כְבוֹדֶךָ,
   ga·looy   v'ya·du·ah   leef·nay   chi·say   ch'vo·deh·cha

5. שֶׁאִם יִסָּתֵם אֶחָד מֵהֶם,
   sheh·eem   yi·sa·taym   eh·chad   may·hem

6. אוֹ אִם יִפָּתֵחַ אֶחָד מֵהֶם,
   o   eem   yi·pa·tay·ach   eh·chad   may·hem

7. אִי אֶפְשָׁר לְהִתְקַיֵּם אֲפִילוּ שָׁעָה אֶחָת.
   ee   ef·shar   l'heet·ka·yaym   a·fee·lu   sha·ah   e·chaht

8. בָּרוּךְ אַתָּה יְיָ, רוֹפֵא כָל בָּשָׂר, וּמַפְלִיא לַעֲשׂוֹת.
   Ba·ruch   A·ta   Adonai   ro·fay   chol   ba·sar   u·maf·li   la·ah·soht

יָצַר	בְּחָכְמָה	רוֹפֵא	וּמַפְלִיא
formed	wisdom	Healer	does wonders

My Siddur | Birchot Hashachar, Morning Blessings

ELOKAI NESHAMA

Thank You for returning my pure, holy neshama to me this morning.

1. אֱלֹהַי, *Elohai*

2. נְשָׁמָה שֶׁנָּתַתָּ בִּי טְהוֹרָה הִיא,
   n'sha·ma sheh·na·ta·ta bee t'ho·ra hee

3. אַתָּה בְרָאתָהּ, אַתָּה יְצַרְתָּהּ,
   A·ta v'ra·tah A·ta y'tzar·tah

4. אַתָּה נְפַחְתָּהּ בִּי, וְאַתָּה מְשַׁמְּרָהּ בְּקִרְבִּי,
   A·ta n'fach·tah bee v'A·ta m'sha·m'rah b'keer·bee

5. וְאַתָּה עָתִיד לִטְּלָהּ מִמֶּנִּי,
   v'A·ta a·teed li·t'lah mi·meh·ni

6. וּלְהַחֲזִירָהּ בִּי לֶעָתִיד לָבֹא.
   ool·ha·cha·zi·rah bee le·ah·teed la·vo

7. כָּל זְמַן שֶׁהַנְּשָׁמָה בְקִרְבִּי,
   kol z'mahn sheh·ha·n'sha·ma b'keer·bee

8. מוֹדֶה אֲנִי לְפָנֶיךָ, יְיָ אֱלֹהַי וֵאלֹהֵי אֲבוֹתַי,
   mo·deh a·ni l'fa·ne·cha Adonai Elohai vAylohay a·vo·tai

9. רִבּוֹן כָּל הַמַּעֲשִׂים, אֲדוֹן כָּל הַנְּשָׁמוֹת.
   ri·bohn kol ha·ma·ah·seem A·dohn kol ha·n'sha·moht

10. בָּרוּךְ אַתָּה יְיָ, הַמַּחֲזִיר נְשָׁמוֹת לִפְגָרִים מֵתִים.
    Ba·ruch A·ta Adonai ha·ma·cha·zeer n'sha·moht leef·ga·reem may·teem

נְשָׁמָה	טְהוֹרָה	מְשַׁמְּרָה
soul	pure	keep it

7 My Siddur | Birchot Hashachar, Morning Blessings

BIRCHOT HASHACHAR

Morning blessings of thanks.
Thank You Hashem for…

♫ 09

Ba·ruch A·ta Adonai Elohaynu Meh·lech ha·o·lahm

1 **בָּרוּךְ אַתָּה יְיָ, אֱלֹהֵינוּ, מֶלֶךְ הָעוֹלָם...**

Blessed are You Hashem our G-d, King of the Universe…

ha·no·tayn la·sech·vi vi·na l'hav·cheen bain yohm u·vayn lai·la

2 **הַנּוֹתֵן לַשֶּׂכְוִי בִינָה, לְהַבְחִין בֵּין יוֹם וּבֵין לָיְלָה.**

Thank You for helping us **understand the difference** between day and night, good and otherwise.

Ba·ruch A·ta... po·kay·ach eev·reem

3 **בָּרוּךְ אַתָּה... פּוֹקֵחַ עִוְרִים.**

Thank You for giving us the **insight** to **see** what is right for us.

Ba·ruch A·ta... ma·teer a·su·reem

4 **בָּרוּךְ אַתָּה... מַתִּיר אֲסוּרִים.**

Thank You for **enabling** us to do what is right.

Ba·ruch A·ta... zo·kayf k'fu·feem

5 **בָּרוּךְ אַתָּה... זוֹקֵף כְּפוּפִים.**

Thank You for removing our burdens from us; thank you for allowing us to **stand upright**.

Ba·ruch A·ta... mal·beesh a·ru·meem

6 **בָּרוּךְ אַתָּה... מַלְבִּישׁ עֲרֻמִּים.**

Thank You for our **clothes** and for the *mitzvot,* the **clothing** of our *neshama.*

Ba·ruch A·ta... ha·no·tayn la·ya·ayf ko·ach

7 **בָּרוּךְ אַתָּה... הַנּוֹתֵן לַיָּעֵף כֹּחַ.**

Thank You for giving us **strength**.

My Siddur | Birchot Hashachar, Morning Blessings 8

1. Ba·ruch A·ta... ro·ka ha·ah·retz al ha·ma·yeem
   בָּרוּךְ אַתָּה... רוֹקַע הָאָרֶץ עַל הַמָּיִם.
   Thank You for keeping the populated world safe from the **waters** of the oceans.

2. Ba·ruch A·ta... ha·may·cheen meetz·ah·day ga·vehr
   בָּרוּךְ אַתָּה... הַמֵּכִין מִצְעֲדֵי גָבֶר.
   Thank you for enabling us to **walk**, and our bodies to work.
   Thank You for **guiding** our steps with *hashgacha prateet* so we end up where we need to be.

3. Ba·ruch A·ta... sheh·ah·sa li kol tzor·ki
   בָּרוּךְ אַתָּה... שֶׁעָשָׂה לִי כָּל צָרְכִּי.
   Thank You for giving me **everything I need**, right down to my shoelaces!

4. Ba·ruch A·ta... o·zayr Yisrael beeg·vu·ra
   בָּרוּךְ אַתָּה... אוֹזֵר יִשְׂרָאֵל בִּגְבוּרָה.
   Thank You for empowering us with the **might** we need in all areas of our life.

5. Ba·ruch A·ta... o·tayr Yisrael b'teef·ah·ra
   בָּרוּךְ אַתָּה... עוֹטֵר יִשְׂרָאֵל בְּתִפְאָרָה.
   Thank You for crowning us with **glory** (including our *kipot*).

6. Ba·ruch A·ta... sheh·lo ah·sa·ni goy
   בָּרוּךְ אַתָּה... שֶׁלֹּא עָשַׂנִי גּוֹי.
   Thank You for selecting me as part of Your **chosen nation**, giving me the opportunity to fulfill the *mitzvot*.

7. Ba·ruch A·ta... sheh·lo ah·sa·ni a·ved
   בָּרוּךְ אַתָּה... שֶׁלֹּא עָשַׂנִי עָבֶד.
   Thank You for helping me **free myself** from being a "slave" to my desires and instincts.

8. Ba·ruch A·ta... sheh·lo ah·sa·ni ee·sha
   בָּרוּךְ אַתָּה... שֶׁלֹּא עָשַׂנִי אִשָּׁה.
   Boys: Thank You for giving me the **opportunity** and **responsibility** to fulfill more *mitzvot*.

Hama'avir Shayna

Please Hashem, help us overcome the temptations of the day.

Ba·ruch A·ta Adonai Elohaynu Meh·lech ha·o·lahm
1 בָּרוּךְ אַתָּה יְיָ, אֱלֹהֵינוּ, מֶלֶךְ הָעוֹלָם,

ha·ma·ah·veer shay·na may·ay·nai oot·nu·ma may·af·ah·pai
2 הַמַּעֲבִיר שֵׁנָה מֵעֵינָי, וּתְנוּמָה מֵעַפְעַפָּי.

Thank You for removing sleep from my eyes and slumber from my eyelids, alerting me to the tricks and dangers of my own *Yetzer Hara*.

vi·hee ra·tzon mi·l'fa·ne·cha Adonai Elohaynu vAylohay a·vo·tay·nu
3 וִיהִי רָצוֹן מִלְּפָנֶיךָ, יְיָ אֱלֹהֵינוּ וֵאלֹהֵי אֲבוֹתֵינוּ,

sheh·tar·gi·lay·nu b'Torah·teh·cha v'tahd·bee·kay·nu b'meetz·vo·teh·cha
4 שֶׁתַּרְגִּילֵנוּ בְּתוֹרָתֶךָ, וְתַדְבִּיקֵנוּ בְּמִצְוֹתֶיךָ,

v'al t'vi·ay·nu lo li·day chayt
5 וְאַל תְּבִיאֵנוּ לֹא לִידֵי חֵטְא,

v'lo li·day a·vay·ra v'a·vohn
6 וְלֹא לִידֵי עֲבֵירָה וְעָוֹן,

v'lo li·day ni·sa·yohn v'lo li·day vi·za·yohn
7 וְלֹא לִידֵי נִסָּיוֹן, וְלֹא לִידֵי בִזָּיוֹן,

v'al yeesh·loht ba·nu yay·tzer ha·ra
8 וְאַל יִשְׁלוֹט בָּנוּ יֵצֶר הָרָע,

v'har·chi·kay·nu may·ah·dahm ra u·may·cha·vayr ra
9 וְהַרְחִיקֵנוּ מֵאָדָם רָע, וּמֵחָבֵר רָע,

וְאַל תְּבִיאֵנוּ... נִסָּיוֹן	יֵצֶר הָרָע
Do not test us	evil inclination

My Siddur | Birchot Hashachar, Morning Blessings

1. וְדַבְּקֵנוּ בְּיֵצֶר טוֹב, וּבְמַעֲשִׂים טוֹבִים,
   v'da·b'kay·nu b'yay·tzer tov oov·ma·ah·seem toh·veem

2. וְכוֹף אֶת יִצְרֵנוּ לְהִשְׁתַּעְבֶּד לָךְ,
   v'chof et yeetz·ray·nu l'heesh·ta·bed lach

3. וּתְנֵנוּ הַיּוֹם, וּבְכָל יוֹם,
   oot·nay·nu ha·yohm oov·chol yohm

4. לְחֵן, וּלְחֶסֶד, וּלְרַחֲמִים,
   l'chayn ool·che·sed ool·ra·cha·meem

5. בְּעֵינֶיךָ וּבְעֵינֵי כָל רוֹאֵינוּ,
   b'ay·ne·cha oov·ay·nay chol ro·ay·nu

6. וְתִגְמְלֵנוּ חֲסָדִים טוֹבִים.
   v'teeg·m'lay·nu cha·sa·deem toh·veem

7. בָּרוּךְ אַתָּה יְיָ,
   Ba·ruch A·ta Adonai

8. הַגּוֹמֵל חֲסָדִים טוֹבִים לְעַמּוֹ יִשְׂרָאֵל.
   ha·go·mayl cha·sa·deem toh·veem l'a·mo Yisrael

בְּיֵצֶר טוֹב	וּבְמַעֲשִׂים טוֹבִים	לְחֵן	וּלְחֶסֶד	וּלְרַחֲמִים
good inclination	good deeds	grace	kindness	mercy

My Siddur | Birchot Hashachar, Morning Blessings

YEHI RATZON — Please Hashem, keep me safe, spiritually and physically.

1. יְהִי רָצוֹן מִלְּפָנֶיךָ יְיָ אֱלֹהַי וֵאלֹהֵי אֲבוֹתַי,
   y'hee ra·tzon mi·l'fa·ne·cha Adonai Elohai vAylohay a·vo·tai

2. שֶׁתַּצִּילֵנִי הַיּוֹם, וּבְכָל יוֹם,
   sheh·ta·tzi·lay·ni ha·yohm oov·chol yohm

3. מֵעַזֵּי פָנִים, וּמֵעַזּוּת פָּנִים,
   may·ah·zay fa·neem u·may·ah·zut pa·neem

4. מֵאָדָם רָע, וּמֵחָבֵר רָע, וּמִשָּׁכֵן רָע,
   may·ah·dahm ra u·may·cha·vayr ra u·mi·sha·chayn ra

5. וּמִפֶּגַע רָע, מֵעַיִן הָרָע,
   u·mi·peh·ga ra may·ah·yeen ha·ra

6. מִלָּשׁוֹן הָרָע, מִמַּלְשִׁינוּת, מֵעֵדוּת שֶׁקֶר,
   mi·la·shohn ha·ra mi·mal·shi·noot may·ay·doot sheh·ker

7. מִשִּׂנְאַת הַבְּרִיּוֹת, מֵעֲלִילָה,
   mi·seen·aht ha·b'ri·yoht may·ah·li·la

8. מִמִּיתָה מְשֻׁנָּה, מֵחֳלָיִם רָעִים, וּמִמִּקְרִים רָעִים,
   mi·mi·ta m'shu·na may·cho·la·yeem ra·eem u·mi·meek·reem ra·eem

9. וּמִשָּׂטָן הַמַּשְׁחִית, מִדִּין קָשֶׁה, וּמִבַּעַל דִּין קָשֶׁה,
   u·mi·sa·tahn ha·mahsh·cheet mi·deen ka·sheh u·mi·ba·al deen ka·sheh

10. בֵּין שֶׁהוּא בֶן בְּרִית, וּבֵין שֶׁאֵינוֹ בֶן בְּרִית,
    bain sheh·hu ven b'reet u·vayn sheh·ay·no ven b'reet

11. וּמִדִּינָה שֶׁל גֵּיהִנֹּם.
    u·mi·dee·nah shel gay·hee·nohm

שֶׁתַּצִּילֵנִי	מֵאָדָם רָע	וּמִפֶּגַע רָע
save me	from not good people	and not good things

My Siddur | Birchot Hashachar, Morning Blessings

TORAH BLESSINGS

You give us the opportunity and obligation to learn Torah. Please Hashem, make our Torah study sweet!

1. בָּרוּךְ אַתָּה יְיָ, אֱלֹהֵינוּ, מֶלֶךְ הָעוֹלָם,
   Ba·ruch   A·ta   Adonai   Elohaynu   Meh·lech   ha·o·lahm

2. אֲשֶׁר קִדְּשָׁנוּ בְּמִצְוֹתָיו, וְצִוָּנוּ עַל דִּבְרֵי תוֹרָה.
   ah·sher   ki·d'sha·nu   b'meetz·vo·tav   v'tzi·va·nu   al   deev·ray   Torah

3. וְהַעֲרֶב נָא יְיָ אֱלֹהֵינוּ,
   v'ha·ah·rev   na   Adonai   Elohaynu

4. אֶת דִּבְרֵי תוֹרָתְךָ בְּפִינוּ,
   et   deev·ray   Torah·t'cha   b'fee·nu

5. וּבְפִי כָל עַמְּךָ בֵּית יִשְׂרָאֵל,
   oov·fee   chol   a·m'cha   bayt   Yisrael

6. וְנִהְיֶה אֲנַחְנוּ וְצֶאֱצָאֵינוּ,
   v'neeh·yeh   a·nach·nu   v'tze·eh·tza·ay·nu

7. וְצֶאֱצָאֵי כָל עַמְּךָ בֵּית יִשְׂרָאֵל,
   v'tze·eh·tza·ay   chol   a·m'cha   bayt   Yisrael

8. כֻּלָּנוּ יוֹדְעֵי שְׁמֶךָ, וְלוֹמְדֵי תוֹרָתְךָ לִשְׁמָהּ.
   ku·la·nu   yo·d'ay   Sh'meh·cha   v'lo·m'day   Torah·t'cha   leesh·mah

9. בָּרוּךְ אַתָּה יְיָ, הַמְלַמֵּד תּוֹרָה לְעַמּוֹ יִשְׂרָאֵל.
   Ba·ruch   A·ta   Adonai   ha·m'la·mayd   Torah   l'a·mo   Yisrael

---

וְהַעֲרֶב	דִּבְרֵי תוֹרָתְךָ	וְלוֹמְדֵי תוֹרָתְךָ לִשְׁמָהּ
make sweet	the words of Your Torah	learn Torah for its own sake

12

My Siddur | Birchot Hashachar, Morning Blessings

TORAH BLESSINGS

1. בָּרוּךְ אַתָּה יְיָ, אֱלֹהֵינוּ, מֶלֶךְ הָעוֹלָם,
   Ba·ruch A·ta Adonai Elohaynu Meh·lech ha·o·lahm

2. אֲשֶׁר בָּחַר בָּנוּ מִכָּל הָעַמִּים, וְנָתַן לָנוּ אֶת תּוֹרָתוֹ.
   ah·sher ba·char ba·nu mi·kol ha·ah·meem v'na·tahn la·nu et Torah·toh

3. בָּרוּךְ אַתָּה יְיָ, נוֹתֵן הַתּוֹרָה.
   Ba·ruch A·ta Adonai no·tayn ha·Torah

After reciting the Torah blessings, we "sample" Torah study, with selections from the Written and Oral Torah.

BIRKAT KOHANIM: Hashem blesses us, the Jewish People, and entrusts the Kohanim with the power to bless us.

Verses from the Written Torah

4. וַיְדַבֵּר יְיָ אֶל מֹשֶׁה לֵּאמֹר,
   vai·da·bayr Adonai el Moshe lay·mor

5. דַּבֵּר אֶל אַהֲרֹן, וְאֶל בָּנָיו לֵאמֹר,
   da·bayr el A·ha·rohn, v'el ba·nav lay·mor

6. כֹּה תְבָרְכוּ אֶת בְּנֵי יִשְׂרָאֵל אָמוֹר לָהֶם:
   ko t'va·ra·chu et b'nay Yisrael a·mor la·hem

7. יְבָרֶכְךָ יְיָ וְיִשְׁמְרֶךָ.
   y'va·reh·ch'cha Adonai v'yeesh·m'reh·cha

8. יָאֵר יְיָ פָּנָיו אֵלֶיךָ, וִיחֻנֶּךָּ.
   ya·ayr Adonai pa·nav ay·le·cha vi·chu·ne·ka

9. יִשָּׂא יְיָ פָּנָיו אֵלֶיךָ, וְיָשֵׂם לְךָ שָׁלוֹם.
   yi·sa Adonai pa·nav ay·le·cha v'ya·saym l'cha shalom

10. וְשָׂמוּ אֶת שְׁמִי עַל בְּנֵי יִשְׂרָאֵל, וַאֲנִי אֲבָרֲכֵם.
    v'sa·mu et Sh'mi al b'nay Yisrael va·A·ni A·va·ra·chaym

בָּחַר בָּנוּ	מִכָּל הָעַמִּים	יְבָרֶכְךָ	יָאֵר	יִשָּׂא	שָׁלוֹם
He chose us	from all nations	He shall bless you	shine	raise up	peace

My Siddur | Birchot Hashachar, Morning Blessings

EILU DEVARIM: Mitzvot that create a perfect and pleasant society.

A Mishna from the Oral Torah

1. אֵלּוּ דְבָרִים שֶׁאֵין לָהֶם שִׁעוּר:
   ay·lu   d'va·reem   sheh·ayn   la·hem   shi·ur

2. הַפֵּאָה, וְהַבִּכּוּרִים, וְהָרְאָיוֹן,
   ha·pay·ah   v'ha·bee·ku·reem   v'ha·r'a·yohn

3. וּגְמִילוּת חֲסָדִים, וְתַלְמוּד תּוֹרָה.
   u·g'mi·loot   cha·sa·deem   v'tal·mood   Torah

From the Gemara (Talmud)

4. אֵלּוּ דְבָרִים שֶׁאָדָם אוֹכֵל פֵּרוֹתֵיהֶם בָּעוֹלָם הַזֶּה,
   ay·lu   d'va·reem   sheh·ah·dahm   o·chayl   pay·ro·tay·hem   ba·o·lahm   ha·zeh

5. וְהַקֶּרֶן קַיֶּמֶת לָעוֹלָם הַבָּא, וְאֵלּוּ הֵן:
   v'ha·ke·ren   ka·yeh·met   la·o·lahm   ha·ba   v'ay·lu   hayn

6. כִּבּוּד אָב וָאֵם, וּגְמִילוּת חֲסָדִים,
   ki·bood   av   va·aym   oog·mi·loot   cha·sa·deem

7. וְהַשְׁכָּמַת בֵּית הַמִּדְרָשׁ שַׁחֲרִית וְעַרְבִית,
   v'hash·ka·maht   bayt   ha·meed·rahsh   sha·cha·reet   v'ar·veet

שֶׁאֵין לָהֶם שִׁעוּר	וּגְמִילוּת חֲסָדִים	וְתַלְמוּד תּוֹרָה	כִּבּוּד אָב וָאֵם
without limit	acts of kindness	Torah study	honoring parents

15 My Siddur | Birchot Hashachar, Morning Blessings

v'hach·na·saht o·r'cheem u·vee·kur cho·leem v'hach·na·saht ka·la

1 וְהַכְנָסַת אֹרְחִים, וּבִקּוּר חוֹלִים, וְהַכְנָסַת כַּלָּה,

v'hal·va·yat ha·mayt v'ee·yun t'fee·la

2 וְהַלְוָיַת הַמֵּת, וְעִיּוּן תְּפִלָּה,

va·ha·va·aht shalom sheh·bain a·dahm la·cha·vay·ro

3 וַהֲבָאַת שָׁלוֹם שֶׁבֵּין אָדָם לַחֲבֵרוֹ,

u·vayn eesh l'eesh·toh

4 וּבֵין אִישׁ לְאִשְׁתּוֹ,

v'tal·mood Torah k'ne·ged ku·lahm

5 וְתַלְמוּד תּוֹרָה כְּנֶגֶד כֻּלָּם.

וְהַכְנָסַת אוֹרְחִים welcoming guests	וּבִקּוּר חוֹלִים visiting the sick	וַהֲבָאַת שָׁלוֹם bringing peace

Tzitzit

Our uniform and reminder for the Mitzvot (for boys).

We stand, hold all our *tzitzit*, recite this *bracha* and then kiss the *tzitzit*.

Ba·ruch A·ta Adonai Elohaynu Meh·lech ha·o·lahm

6 בָּרוּךְ אַתָּה יְיָ, אֱלֹהֵינוּ, מֶלֶךְ הָעוֹלָם,

ah·sher ki·d'sha·nu b'meetz·vo·tav v'tzi·va·nu al meetz·vaht tzi·tzeet

7 אֲשֶׁר קִדְּשָׁנוּ בְּמִצְוֹתָיו, וְצִוָּנוּ עַל מִצְוַת צִיצִת.

מִצְוַת צִיצִת
the *mitzvah* of *tzitzit*

Talit Bracha

Married men (and some boys after Bar Mitzvah) wear a Talit Gadol during morning prayers, surrounding themselves with a Mitzvah.

Here's how to put on the *talit*:

1. While checking to see that all the strings and knots are intact, recite "*Barchi Nafshi*:"

ba·r'chi naf·shi et Adonai Adonai Elohai ga·dal·ta m'ohd hod v'ha·dar la·vash·ta

1 בָּרְכִי נַפְשִׁי אֶת יְיָ, יְיָ אֱלֹהַי גָּדַלְתָּ מְאֹד, הוֹד וְהָדָר לָבָשְׁתָּ.

o·teh ohr ka·sal·ma no·teh sha·ma·yeem kai·ri·ah

2 עֹטֶה אוֹר כַּשַּׂלְמָה, נוֹטֶה שָׁמַיִם כַּיְרִיעָה.

2. Place the *talit* over your head and hold it up over your shoulders and back.

3. Recite this *bracha:*

Ba·ruch A·ta Adonai Elohaynu Meh·lech ha·o·lahm

3 בָּרוּךְ אַתָּה יְיָ, אֱלֹהֵינוּ, מֶלֶךְ הָעוֹלָם, ♫ 18

ah·sher ki·d'sha·nu b'meetz·vo·tav v'tzi·va·nu l'heet·ah·tayf b'tzi·tzeet

4 אֲשֶׁר קִדְּשָׁנוּ בְּמִצְוֹתָיו, וְצִוָּנוּ לְהִתְעַטֵּף בְּצִיצִת.

4. Let the *talit* drape over your head and shoulders. Hold both right corners in your right hand and the left corners in your left hand.
Fling the right corners over your left shoulder. Place the left corners over your heart, below your right hand. Recite the following prayer.

ma ya·kar chas·d'cha Eloheem oov·nay a·dahm b'tzayl k'na·feh·cha yeh·che·sa·yun

5 מַה יָּקָר חַסְדְּךָ אֱלֹהִים, וּבְנֵי אָדָם בְּצֵל כְּנָפֶיךָ יֶחֱסָיוּן.

yeer·v'yoon mi·deh·shen bay·teh·cha v'na·chal a·da·ne·cha tash·kaym

6 יִרְוְיֻן מִדֶּשֶׁן בֵּיתֶךָ וְנַחַל עֲדָנֶיךָ תַשְׁקֵם.

ki ee·m'cha m'kor cha·yeem b'o·r'cha neer·eh ohr

7 כִּי עִמְּךָ מְקוֹר חַיִּים, בְּאוֹרְךָ נִרְאֶה אוֹר.

m'shoch chas·d'cha l'yo·d'eh·cha v'tzeed·ka·t'cha l'yeesh·ray layv

8 מְשׁוֹךְ חַסְדְּךָ לְיֹדְעֶיךָ, וְצִדְקָתְךָ לְיִשְׁרֵי לֵב.

5. Bring the right sides of the *talit* back over your right shoulder and fling the left sides over your left shoulder. Now (on a weekday) you are ready to put on the *tefilin*!

17 My Siddur | Tefilin Blessings

Tefilin Brachot

Men and boys aged 13 and up wrap Tefilin every weekday, dedicating mind, heart (emotions) and actions to serve Hashem.

1. Position the *tefilin shel yad* (arm *tefilin*) on your left biceps (if you are right-handed) with the *tefilin* box facing your heart.
2. Recite the *bracha*. (Do not speak until the *shel rosh* [head *tefilin*] is in place.)

ha·o·lahm Meh·lech Elohaynu Adonai A·ta Ba·ruch

1 בָּרוּךְ אַתָּה יְיָ, אֱלֹהֵינוּ, מֶלֶךְ הָעוֹלָם,

♫ 19

t'fee·leen l'ha·ni·ach v'tzi·va·nu b'meetz·vo·tav ki·d'sha·nu ah·sher

2 אֲשֶׁר קִדְּשָׁנוּ בְּמִצְוֹתָיו, וְצִוָּנוּ לְהָנִיחַ תְּפִלִּין.

3. Tighten the knot and wrap the straps;
Fasten the knot to the *tefilin* box by wrapping twice over the knot and *tefilin*, around your biceps, to create a ש. Then wrap seven more times on your arm past the elbow, until just before the wrist bone. Wrap the 8th wrap beyond the wrist bone diagonally across and into the palm. Hold the straps in your palm or let them loose while you don the *tefilin shel rosh*.

4. Place the *tefilin shel rosh* (head *tefilin*) on your head like a crown, lining up its front with your hairline, centered above your forehead. Pull the two straps from the back knot over to the front of your body.

5. Wrap the loose end of the *shel yad* strap around your palm once, then three times around your middle finger: once around the base of the finger, once over the middle, and then once more around the base.

6. It is customary to pray *Shacharit* while wrapped in *tefilin*. When that is not an option, be sure to recite the *Shema* (pages 40-41) while wearing the *tefilin*.

If you mistakenly spoke after the first bracha and before the shel rosh was in place, recite this additional bracha while donning the shel rosh:

ha·o·lahm Meh·lech Elohaynu Adonai A·ta Ba·ruch

3 בָּרוּךְ אַתָּה יְיָ, אֱלֹהֵינוּ, מֶלֶךְ הָעוֹלָם,

t'fee·leen meetz·vaht al v'tzi·va·nu b'meetz·vo·tav ki·d'sha·nu ah·sher

4 אֲשֶׁר קִדְּשָׁנוּ בְּמִצְוֹתָיו, וְצִוָּנוּ עַל מִצְוַת תְּפִלִּין.

Tefilin Art © McClatchy-Tribune Information Services. All Rights Reserved. Reprinted with permission.

My Siddur | Shacharit: Introductory Prayers

HAREINI MEKABEL — I commit to love and treat others as myself.

1. הֲרֵינִי מְקַבֵּל עָלַי מִצְוַת עֲשֵׂה,
   ha·ray·ni   m'ka·bayl   ah·lai   meetz·vaht   ah·say

2. שֶׁל וְאָהַבְתָּ לְרֵעֲךָ כָּמוֹךָ.
   shel   v'a·hav·ta   l'ray·ah·cha   ka·mo·cha

וְאָהַבְתָּ	לְרֵעֲךָ	כָּמוֹךָ
love	your fellow	as yourself

MA TOVU — How wonderful that I can pray in a holy place! Hashem, please accept my prayers.

3. מַה טֹּבוּ אֹהָלֶיךָ יַעֲקֹב, מִשְׁכְּנֹתֶיךָ יִשְׂרָאֵל.
   ma   toh·vu   o·ha·le·cha   Ya·ah·kov   meesh·k'no·teh·cha   Yisrael

4. וַאֲנִי בְּרֹב חַסְדְּךָ, אָבֹא בֵיתֶךָ,
   va·ah·ni   b'rov   chas·d'cha   a·vo   vay·teh·cha

5. אֶשְׁתַּחֲוֶה אֶל הֵיכַל קָדְשְׁךָ, בְּיִרְאָתֶךָ.
   esh·ta·cha·veh   el   hay·chal   kod·sh'cha   b'yeer·ah·teh·cha

6. וַאֲנִי תְפִלָּתִי לְךָ יְיָ עֵת רָצוֹן,
   va·ah·ni   t'fee·la·ti   l'cha   Adonai   ait   ra·tzon

7. אֱלֹהִים בְּרָב חַסְדֶּךָ, עֲנֵנִי בֶּאֱמֶת יִשְׁעֶךָ.
   Eloheem   b'rov   chas·deh·cha   a·nay·ni   beh·eh·met   yeesh·eh·cha

טֹבוּ	אֹהָלֶיךָ	תְפִלָּתִי
good	tent	my prayer

My Siddur | Shacharit: Introductory Prayers

ADON OLAM

During prayer, as we mention Hashem's Holy Name, we focus on Hashem's infinite eternity, where past, present and future are all one.

1. אֲדוֹן עוֹלָם, אֲשֶׁר מָלַךְ, בְּטֶרֶם כָּל יְצוּר נִבְרָא,
   A·dohn o·lahm, ah·sher ma·lach, b'teh·rem kol y'tzur neev·ra,

2. לְעֵת נַעֲשָׂה בְחֶפְצוֹ כֹּל, אֲזַי מֶלֶךְ שְׁמוֹ נִקְרָא.
   l'ait na·ah·sa v'chef·tzo kol, a·zai Meh·lech Sh'mo neek·ra.

3. וְאַחֲרֵי כִּכְלוֹת הַכֹּל, לְבַדּוֹ יִמְלֹךְ נוֹרָא.
   v'a·cha·ray keech·loht ha·kol, l'va·doh yeem·lohch No·ra.

4. וְהוּא הָיָה, וְהוּא הֹוֶה, וְהוּא יִהְיֶה בְּתִפְאָרָה.
   v'Hu ha·ya, v'Hu ho·veh, v'Hu yeeh·yeh b'teef·ah·ra.

5. וְהוּא אֶחָד, וְאֵין שֵׁנִי, לְהַמְשִׁיל לוֹ, לְהַחְבִּירָה.
   v'Hu eh·chad, v'ayn shay·ni, l'hahm·sheel Lo l'hach·bee·ra.

6. בְּלִי רֵאשִׁית, בְּלִי תַכְלִית, וְלוֹ הָעֹז וְהַמִּשְׂרָה.
   b'li ray·sheet, b'li tach·leet, v'Lo ha·ohz v'ha·mees·ra.

7. וְהוּא אֵלִי, וְחַי גּוֹאֲלִי, וְצוּר חֶבְלִי בְּעֵת צָרָה.
   v'Hu Ay·li, v'chai go·ah·li, v'tzur chev·li b'ait tza·ra.

8. וְהוּא נִסִּי, וּמָנוֹס לִי, מְנָת כּוֹסִי בְּיוֹם אֶקְרָא.
   v'Hu ni·si, u·ma·nos li, m'naht ko·si b'yohm ek·ra.

9. בְּיָדוֹ אַפְקִיד רוּחִי, בְּעֵת אִישַׁן וְאָעִירָה.
   b'ya·doh af·keed ru·chi, b'ait ee·shan v'a·ee·ra.

10. וְעִם רוּחִי גְּוִיָּתִי, יְיָ לִי וְלֹא אִירָא.
    v'eem ru·chi g'vi·ya·ti, Adonai li v'lo ee·ra.

אָדוֹן	הָיָה	הֹוֶה	יִהְיֶה	ה' לִי	וְלֹא אִירָא
Master	was (past)	is (present)	will be (future)	Hashem is with me	I will not fear

KORBAN HATAMID

Our daily prayers correspond to the daily communal Korbanot in the Beit Hamikdash, which brought us close to Hashem. Today, reading the Korbanot is like we are offering them.

lay·mor Moshe el Adonai vai·da·bayr
1 וַיְדַבֵּר יְיָ אֶל מֹשֶׁה לֵּאמֹר.

a·lay·hem v'a·mar·ta Yisrael b'nay et tzav
2 צַו אֶת בְּנֵי יִשְׂרָאֵל וְאָמַרְתָּ אֲלֵהֶם,

ni·cho·chi ray·ach l'ee·shai lach·mi kor·ba·ni et
3 אֶת קָרְבָּנִי, לַחְמִי לְאִשַּׁי, רֵיחַ נִיחֹחִי,

b'mo·ah·doh li l'hak·reev teesh·m'ru
4 תִּשְׁמְרוּ לְהַקְרִיב לִי בְּמוֹעֲדוֹ.

lAdonai tak·ri·vu ah·sher ha·ee·sheh zeh la·hem v'a·mar·ta
5 וְאָמַרְתָּ לָהֶם, זֶה הָאִשֶּׁה אֲשֶׁר תַּקְרִיבוּ לַייָ,

ta·meed o·la la·yohm sh'na·yeem t'mi·meem sha·na b'nay k'va·seem
6 כְּבָשִׂים בְּנֵי שָׁנָה תְמִימִם, שְׁנַיִם לַיּוֹם, עוֹלָה תָמִיד.

va·bo·ker ta·ah·seh eh·chad ha·ke·ves et
7 אֶת הַכֶּבֶשׂ אֶחָד תַּעֲשֶׂה בַבֹּקֶר,

ha·ar·ba·yeem bain ta·ah·seh ha·shay·ni ha·ke·ves v'ait
8 וְאֵת הַכֶּבֶשׂ הַשֵּׁנִי תַּעֲשֶׂה בֵּין הָעַרְבָּיִם.

בֵּין הָעַרְבָּיִם	בַבֹּקֶר	עוֹלָה תָמִיד	קָרְבָּנִי
in the afternoon	in the morning	a constant offering	My *korban* (sacrifice)

l'meen·cha so·let ha·ay·fa va·ah·si·reet
1 וַעֲשִׂירִית הָאֵיפָה סֹלֶת לְמִנְחָה,

ha·heen r'vi·eet ka·teet b'sheh·men b'lu·la
2 בְּלוּלָה בְּשֶׁמֶן כָּתִית, רְבִיעִת הַהִין.

lAdonai ee·sheh ni·cho·ach l'ray·ach si·nai b'har ha·ah·su·ya ta·meed o·laht
3 עֹלַת תָּמִיד, הָעֲשֻׂיָה בְּהַר סִינַי, לְרֵיחַ נִיחֹחַ אִשֶּׁה לַייָ.

ha·eh·chad la·ke·ves ha·heen r'vi·eet v'nees·ko
4 וְנִסְכּוֹ, רְבִיעִת הַהִין לַכֶּבֶשׂ הָאֶחָד,

lAdonai shay·char ne·sech ha·saych ba·ko·desh
5 בַּקֹּדֶשׁ הַסֵּךְ נֶסֶךְ שֵׁכָר לַייָ.

ha·ar·ba·yeem bain ta·ah·seh ha·shay·ni ha·ke·ves v'ait
6 וְאֵת הַכֶּבֶשׂ הַשֵּׁנִי, תַּעֲשֶׂה בֵּין הָעַרְבָּיִם,

lAdonai ni·cho·ach ray·ach ee·shay ta·ah·seh ooch·nees·ko ha·bo·ker k'meen·chaht
7 כְּמִנְחַת הַבֹּקֶר וּכְנִסְכּוֹ תַּעֲשֶׂה, אִשֵּׁה רֵיחַ נִיחֹחַ לַייָ.

Adonai leef·nay tza·fo·na ha·meez·bay·ach yeh·rech al o·toh v'sha·chaht
8 וְשָׁחַט אֹתוֹ עַל יֶרֶךְ הַמִּזְבֵּחַ צָפֹנָה לִפְנֵי יְיָ,

sa·veev ha·meez·bay·ach al da·mo et ha·ko·ha·neem A·ha·rohn b'nay v'za·r'ku
9 וְזָרְקוּ בְּנֵי אַהֲרֹן הַכֹּהֲנִים אֶת דָּמוֹ עַל הַמִּזְבֵּחַ סָבִיב.

When praying with a *minyan*, mourners recite *Kaddish d'Rabanan* (page 76).

הַמִּזְבֵּחַ	לְרֵיחַ נִיחֹחַ
the Altar	a pleasing fragrance

Hodu

Praise and thanks which were recited in the Beit Hamikdash after offering the daily korbanot.

1 ho·du lAdonai keer·oo veesh·mo ho·dee·u va·ah·meem a·li·lo·tav

הוֹדוּ לַייָ, קִרְאוּ בִשְׁמוֹ, הוֹדִיעוּ בָעַמִּים עֲלִילוֹתָיו.

2 shi·ru lo za·m'ru lo si·chu b'chol neef·l'o·tav

שִׁירוּ לוֹ, זַמְּרוּ לוֹ, שִׂיחוּ בְּכָל נִפְלְאוֹתָיו...

3 al ti·g'u beem·shi·chai u·veen·vi·ai al ta·ray·u

אַל תִּגְּעוּ בִּמְשִׁיחָי, וּבִנְבִיאַי אַל תָּרֵעוּ.

PART II. Illustrating our promised future, this was recited in the Beit Hamikdash after offering the evening Korbanot.

4 shi·ru lAdonai kol ha·ah·retz ba·s'ru mi·yohm el yohm y'shu·ah·toh

שִׁירוּ לַייָ כָּל הָאָרֶץ, בַּשְּׂרוּ מִיּוֹם אֶל יוֹם יְשׁוּעָתוֹ...

5 l'ho·doht l'shaym kod·sheh·cha l'heesh·ta·bay·ach beet·hee·la·teh·cha

...לְהוֹדוֹת לְשֵׁם קָדְשֶׁךָ, לְהִשְׁתַּבֵּחַ בִּתְהִלָּתֶךָ...

PART III. Hashem hears our prayers, even when we do not have the Beit Hamikdash and cannot offer Korbanot.

6 ro·m'mu Adonai Elohaynu v'heesh·ta·cha·vu la·ha·dom rahg·lav Ka·dosh Hu

רוֹמְמוּ יְיָ אֱלֹהֵינוּ, וְהִשְׁתַּחֲווּ לַהֲדֹם רַגְלָיו, קָדוֹשׁ הוּא...

7 v'Hu Ra·chum y'cha·payr a·vohn

וְהוּא רַחוּם יְכַפֵּר עָוֹן...

8 Adonai ho·shi·ah ha·Meh·lech ya·ah·nay·nu v'yohm kor·ay·nu

יְיָ הוֹשִׁיעָה, הַמֶּלֶךְ יַעֲנֵנוּ בְיוֹם קָרְאֵנוּ.

הוֹדוּ לַה'	שִׁירוּ לוֹ	לְהוֹדוֹת	רַחוּם
praise Hashem	sing to Him	to thank	merciful

23 My Siddur | Shacharit

meez·mor sheer cha·nu·kat ha·ba·yeet l'Daveed
1 מִזְמוֹר שִׁיר חֲנֻכַּת הַבַּיִת לְדָוִד.

a·ro·meem·cha Adonai ki dee·li·ta·ni v'lo si·mach·ta o·y'vai li
2 אֲרוֹמִמְךָ יְיָ כִּי דִלִּיתָנִי, וְלֹא שִׂמַּחְתָּ אֹיְבַי לִי...

Adonai Meh·lech Adonai ma·lach Adonai yeem·loch l'o·lahm va·ed
3 יְיָ מֶלֶךְ, יְיָ מָלָךְ, יְיָ יִמְלֹךְ לְעוֹלָם וָעֶד.

Adonai Meh·lech Adonai ma·lach Adonai yeem·loch l'o·lahm va·ed
4 יְיָ מֶלֶךְ, יְיָ מָלָךְ, יְיָ יִמְלֹךְ לְעוֹלָם וָעֶד.

v'ha·ya Adonai l'Meh·lech al kol ha·ah·retz
5 וְהָיָה יְיָ לְמֶלֶךְ עַל כָּל הָאָרֶץ,

ba·yohm ha·hu yeeh·yeh Adonai eh·chad oosh·mo eh·chad
6 בַּיּוֹם הַהוּא יִהְיֶה יְיָ אֶחָד וּשְׁמוֹ אֶחָד.

---

ho·shi·ay·nu Adonai Elohaynu v'ka·b'tzay·nu meen ha·go·yeem
7 **הוֹשִׁיעֵנוּ** יְיָ אֱלֹהֵינוּ וְקַבְּצֵנוּ מִן הַגּוֹיִם,

l'ho·doht l'shaym kod·sheh·cha l'heesh·ta·bay·ach beet·hee·la·teh·cha
8 לְהוֹדוֹת לְשֵׁם קָדְשֶׁךָ, לְהִשְׁתַּבֵּחַ בִּתְהִלָּתֶךָ...

---

la·m'na·tzay·ach been·gi·noht meez·mor sheer
9 **לַמְנַצֵּחַ בִּנְגִינֹת** מִזְמוֹר שִׁיר.

Eloheem y'cho·nay·nu vi·va·r'chay·nu ya·ayr pa·nav ee·ta·nu se·la
10 אֱלֹהִים יְחָנֵּנוּ וִיבָרְכֵנוּ, יָאֵר פָּנָיו אִתָּנוּ סֶלָה.

la·da·aht ba·a·retz dar·ke·cha b'chol go·yeem y'shu·a·te·cha
11 לָדַעַת בָּאָרֶץ דַּרְכֶּךָ, בְּכָל גּוֹיִם יְשׁוּעָתֶךָ...

ה׳ מֶלֶךְ	ה׳ מָלָךְ	ה׳ יִמְלֹךְ לְעוֹלָם וָעֶד
Hashem is King	Hashem was King	Hashem will rule forever

My Siddur | Shacharit: Pesukei d'Zimra, Verses of Praise 24

BARUCH SHE'AMAR

Blessing and praise to Hashem,
Creator and Manager of the world.

We stand while holding the two front *tzitzit* in our right hand. We kiss them after the *bracha*.
The following two lines are a mystical introduction to fulfilling our mitzvot of the day.

♫ 24

u·sh'cheen·tayh Hu b'reech kood·sha yi·chud l'shaym
1 לְשֵׁם יִחוּד קוּדְשָׁא בְּרִיךְ הוּא וּשְׁכִינְתֵּהּ,

Yisrael kol b'shaym sh'leem b'yi·chu·da b'vav kay yud kay Shaym l'ya·cha·da
2 לְיַחֲדָא שֵׁם י״ה בו״ה בְּיִחוּדָא שְׁלִים, בְּשֵׁם כָּל יִשְׂרָאֵל.

♫ 25

Hu Ba·ruch ha·o·lahm v'ha·ya sheh·ah·mar Ba·ruch
3 **בָּרוּךְ שֶׁאָמַר וְהָיָה הָעוֹלָם, בָּרוּךְ הוּא,**

oom·ka·yaym go·zayr Ba·ruch v'o·seh o·mayr Ba·ruch
4 **בָּרוּךְ אוֹמֵר וְעוֹשֶׂה, בָּרוּךְ גּוֹזֵר וּמְקַיֵּם,**

v'ray·sheet o·seh Ba·ruch
5 **בָּרוּךְ עֹשֶׂה בְרֵאשִׁית,**

ha·ah·retz al m'ra·chaym Ba·ruch
6 **בָּרוּךְ מְרַחֵם עַל הָאָרֶץ,**

ha·b'ri·yoht al m'ra·chaym Ba·ruch
7 **בָּרוּךְ מְרַחֵם עַל הַבְּ*רִיּוֹת,**

li·ray·av tov sa·char m'sha·laym Ba·ruch
8 **בָּרוּךְ מְשַׁלֵּם שָׂכָר טוֹב לִירֵאָיו,**

la·ne·tzach v'ka·yahm la·ahd chai Ba·ruch
9 **בָּרוּךְ חַי לָעַד, וְקַיָּם לָנֶצַח,**

Sh'mo Ba·ruch u·ma·tzeel po·deh Ba·ruch
10 **בָּרוּךְ פּוֹדֶה וּמַצִּיל, בָּרוּךְ שְׁמוֹ.**

לָנֶצַח	שָׂכָר	מְרַחֵם	גּוֹזֵר וּמְקַיֵּם	אוֹמֵר וְעוֹשֶׂה
forever	reward	has mercy	decrees and fulfills	says and does

ha·o·lahm Meh·lech Elohaynu Adonai A·ta Ba·ruch

1 בָּרוּךְ אַתָּה יְיָ, אֱלֹהֵינוּ, מֶלֶךְ הָעוֹלָם,

a·mo b'feh ha·m'hu·lal ha·Ra·cha·mahn Av ha·Ayl

2 הָאֵל, אָב הָרַחֲמָן, הַמְּ*הֻלָּל בְּפֶה עַמּוֹ.

va·ah·va·dav cha·si·dav beel·shohn oom·fo·ar m'shu·bach

3 מְשֻׁבָּח וּמְפֹאָר, בִּלְשׁוֹן חֲסִידָיו וַעֲבָדָיו,

av·deh·cha Da·veed oov·shi·ray

4 וּבְשִׁירֵי דָוִד עַבְדֶּךָ.

u·veez·mi·roht beesh·va·chot Elohaynu Adonai n'ha·lel·cha

5 נְהַלֶּלְךָ יְיָ אֱלֹהֵינוּ, בִּשְׁבָחוֹת וּבִזְמִרוֹת,

oon·fa·ehr·cha oon·sha·bay·cha·cha n'ga·del·cha

6 נְגַדֶּלְךָ, וּנְשַׁבֵּחֲךָ, וּנְפָאֶרְךָ,

Elohaynu Mal·kay·nu Sheem·cha v'naz·keer v'nam·li·ch'cha

7 וְנַמְלִיכְ*ךָ, וְנַזְכִּיר שִׁמְךָ, מַלְכֵּנוּ, אֱלֹהֵינוּ.

Meh·lech ha·o·la·meem chay ya·cheed

8 יָחִיד, חֵי הָעוֹלָמִים מֶלֶךְ,

ha·ga·dol Sh'mo ahd ah·day oom·fo·ar m'shu·bach

9 מְשֻׁבָּח וּמְפֹאָר, עֲדֵי עַד שְׁמוֹ הַגָּדוֹל.

ba·teesh·ba·chot m'hu·lal Meh·lech Adonai A·ta Ba·ruch

10 בָּרוּךְ אַתָּה יְיָ, מֶלֶךְ מְהֻלָּל בַּתִּשְׁבָּחוֹת.

וּבִזְמִרוֹת	בִּשְׁבָחוֹת	נְהַלֶּלְךָ	אָב הָרַחֲמָן
and songs	with praises	we will praise You	Merciful Father

Mizmor L'Todah

meez·mor l'toh·da ha·ri·u lAdonai kol ha·a·retz

1 מִזְמוֹר לְתוֹדָה, הָרִיעוּ לַייָ כָּל הָאָרֶץ.

eev·du et Adonai b'seem·cha bo·u l'fa·nav beer·na·na

2 עִבְדוּ אֶת יְיָ בְּשִׂמְחָה, בֹּאוּ לְפָנָיו בִּרְנָנָה...

Yehi Chevod

y'hee ch'vod Adonai l'o·lahm yees·mach Adonai b'ma·ah·sav

3 יְהִי כְבוֹד יְיָ לְעוֹלָם, יִשְׂמַח יְיָ בְּמַעֲשָׂיו.

y'hee shaym Adonai m'vo·rach may·a·ta v'ahd o·lahm

4 יְהִי שֵׁם יְיָ מְבֹרָךְ, מֵעַתָּה וְעַד עוֹלָם...

v'Hu Ra·choom y'cha·payr a·vohn v'lo yash·cheet

5 וְהוּא רַחוּם יְכַפֵּר עָוֹן, וְלֹא יַשְׁחִית,

v'heer·ba l'ha·sheev a·po v'lo ya·eer kol cha·ma·toh

6 וְהִרְבָּה לְהָשִׁיב אַפּוֹ, וְלֹא יָעִיר כָּל חֲמָתוֹ.

Adonai ho·shi·a ha·Meh·lech ya·a·nay·nu v'yohm kor·ay·nu

7 יְיָ הוֹשִׁיעָה, הַמֶּלֶךְ יַעֲנֵנוּ בְיוֹם קָרְאֵנוּ.

עִבְדוּ אֶת ה׳ בְּשִׂמְחָה
serve Hashem with joy

Ashrei

We praise Hashem's wonders, kindness and mercy, from the Tehilim, the Psalms of King David, in א-ב order.

♫ 26

ahsh·ray yo·sh'vay vay·teh·cha ohd y'ha·l'lu·cha seh·la
1 אַשְׁרֵי יוֹשְׁבֵי בֵיתֶךָ, עוֹד יְהַלְלוּךָ סֶּלָה.

ahsh·ray ha·ahm sheh·ka·cha lo ahsh·ray ha·ahm sheh·Adonai Elohav
2 אַשְׁרֵי הָעָם שֶׁכָּכָה לּוֹ, אַשְׁרֵי הָעָם שֶׁיְיָ אֱלֹהָיו.

t'hee·la l'Da·veed
3 תְּהִלָּה לְדָוִד,

a·ro·meem·cha Elohai ha·Meh·lech va·ah·va·r'cha Sheem·cha l'o·lahm va·ed
4 אֲרוֹמִמְךָ אֱלֹהַי הַמֶּלֶךְ, וַאֲבָרְכָה שִׁמְךָ לְעוֹלָם וָעֶד.

b'chol yohm a·va·r'che·ka va·ah·ha·l'la Sheem·cha l'o·lahm va·ed
5 בְּכָל יוֹם אֲבָרְכֶךָּ, וַאֲהַלְלָה שִׁמְךָ לְעוֹלָם וָעֶד.

ga·dol Adonai oom·hu·lal m'ohd v'leeg·du·la·toh ayn chay·ker
6 גָּדוֹל יְיָ וּמְהֻלָּל מְאֹד, וְלִגְדֻלָּתוֹ אֵין חֵקֶר.

dor l'dor y'sha·bach ma·ah·seh·cha oog·vu·ro·teh·cha ya·gi·du
7 דּוֹר לְדוֹר יְשַׁבַּח מַעֲשֶׂיךָ, וּגְבוּרֹתֶיךָ יַגִּידוּ.

ha·dar k'vod ho·deh·cha v'deev·ray neef·l'o·teh·cha a·si·cha
8 הֲדַר כְּבוֹד הוֹדֶךָ, וְדִבְרֵי נִפְלְאֹתֶיךָ אָשִׂיחָה.

אַשְׁרֵי	וַאֲבָרְכָה	גָּדוֹל	נִפְלְאֹתֶיךָ
happy	I will bless	great	wonders

ah·sa·p'reh·na oog·du·la·t'cha yo·may·ru no·r'o·teh·cha veh·eh·zooz

1 וֶעֱזוּז נוֹרְאוֹתֶיךָ יֹאמֵרוּ, וּגְדֻלָּתְךָ אֲסַפְּרֶנָּה.

y'ra·nay·nu v'tzeed·ka·t'cha ya·bee·u tu·v'cha rav zeh·cher

2 זֵכֶר רַב טוּבְךָ יַבִּיעוּ, וְצִדְקָתְךָ יְרַנֵּנוּ.

cha·sed oog·dol a·pa·yeem e·rech Adonai v'ra·chum cha·noon

3 חַנּוּן **וְרַחוּם** יְיָ, אֶרֶךְ אַפַּיִם, וּגְדָל חָסֶד.

ma·ah·sav kol al v'ra·cha·mav la·kol Adonai tov

4 **טוֹב** יְיָ לַכֹּל, וְרַחֲמָיו עַל כָּל מַעֲשָׂיו.

y'va·r'chu·cha va·cha·si·deh·cha ma·ah·seh·cha kol Adonai yo·du·cha

5 יוֹדוּךָ יְיָ כָּל מַעֲשֶׂיךָ, וַחֲסִידֶיךָ יְבָרְכוּכָה.

y'da·bay·ru oog·vu·ra·t'cha yo·may·ru mal·chu·t'cha k'vod

6 כְּבוֹד **מַלְכוּתְךָ** יֹאמֵרוּ, וּגְבוּרָתְךָ יְדַבֵּרוּ.

mal·chu·toh ha·dar ooch·vod g'vu·ro·tav ha·ah·dahm leev·nay l'ho·dee·ah

7 לְהוֹדִיעַ לִבְנֵי הָאָדָם גְּבוּרֹתָיו, וּכְבוֹד הֲדַר מַלְכוּתוֹ.

va·dor dor b'chol u·mem·shal·t'cha o·la·meem kol mal·choot mal·chu·t'cha

8 מַלְכוּתְךָ, **מַלְכוּת** כָּל עֹלָמִים, וּמֶמְשַׁלְתְּךָ בְּכָל דֹּר וָדֹר.

ha·k'fu·feem l'chol v'zo·kayf ha·no·f'leem l'chol Adonai so·maych

9 סוֹמֵךְ יְיָ לְכָל הַנֹּפְלִים, וְזוֹקֵף לְכָל הַכְּפוּפִים.

מַלְכוּת	טוֹב	וְרַחוּם
kingdom	Good	Merciful

My Siddur | Shacharit: Pesukei d'Zimra, Verses of Praise

1. עֵינֵי כֹל אֵלֶיךָ יְשַׂבֵּרוּ, וְאַתָּה נוֹתֵן לָהֶם אֶת אָכְלָם בְּעִתּוֹ.
   ay·nay chol ay·le·cha y'sa·bay·ru v'A·ta no·tayn la·hem et och·lahm b'ee·toh

2. *FOCUS* — פּוֹתֵחַ אֶת יָדֶךָ, וּמַשְׂבִּיעַ לְכָל חַי רָצוֹן.
   po·tay·ach et ya·deh·cha u·mas·bee·ah l'chol chai ra·tzon

3. צַדִּיק יְיָ בְּכָל דְּרָכָיו, וְחָסִיד בְּכָל מַעֲשָׂיו.
   tza·deek Adonai b'chol d'ra·chav v'cha·seed b'chol ma·ah·sav

4. קָרוֹב יְיָ לְכָל קֹרְאָיו, לְכֹל אֲשֶׁר יִקְרָאֻהוּ בֶאֱמֶת.
   ka·rov Adonai l'chol ko·r'av l'chol ah·sher yeek·ra·oo·hu veh·eh·met

5. רְצוֹן יְרֵאָיו יַעֲשֶׂה, וְאֶת שַׁוְעָתָם יִשְׁמַע וְיוֹשִׁיעֵם.
   r'tzon y'ray·av ya·ah·seh v'et shav·ah·tahm yeesh·ma v'yo·shi·aym

6. שׁוֹמֵר יְיָ אֶת כָּל אֹהֲבָיו, וְאֵת כָּל הָרְשָׁעִים יַשְׁמִיד.
   sho·mayr Adonai et kol o·ha·vav v'ait kol ha·r'sha·eem yash·meed

7. תְּהִלַּת יְיָ יְדַבֶּר פִּי,
   t'hee·laht Adonai y'da·behr pi

8. וִיבָרֵךְ כָּל בָּשָׂר שֵׁם קָדְשׁוֹ לְעוֹלָם וָעֶד.
   vi·va·raych kol ba·sar shaym kod·sho l'o·lahm va·ed

9. וַאֲנַחְנוּ נְבָרֵךְ יָהּ, מֵעַתָּה וְעַד עוֹלָם, הַלְלוּיָהּ.
   va·ah·nach·nu n'va·raych Yah may·ah·ta v'ahd o·lahm Ha·l'lu·yah

On weekdays, after the Torah reading, continue with concluding prayers (pages 66-75).

| אָכְלָם food | פּוֹתֵחַ open | וּמַשְׂבִּיעַ satisfy | צַדִּיק righteous | קָרוֹב near | יִשְׁמַע He listens |

HALELUKAH

1. הַלְלוּיָהּ, הַלְלִי נַפְשִׁי אֶת יְיָ.
   Ha·l'lu·yah   ha·l'li   naf·shi   et   Adonai

2. אֲהַלְלָה יְיָ בְּחַיָּי, אֲזַמְּרָה לֵאלֹהַי בְּעוֹדִי...
   a·ha·l'la   Adonai   b'cha·yai   a·za·m'ra   lAylohai   b'o·dee

3. הַלְלוּיָהּ, כִּי טוֹב זַמְּרָה אֱלֹהֵינוּ,
   Ha·l'lu·yah   ki   tov   za·m'ra   Elohaynu

4. כִּי נָעִים, נָאוָה תְהִלָּה...
   ki   na·eem   na·va   t'hee·la

5. הַלְלוּיָהּ, הַלְלוּ אֶת יְיָ מִן הַשָּׁמַיִם,
   Ha·l'lu·yah   ha·l'lu   et   Adonai   meen   ha·sha·ma·yeem

6. הַלְלוּהוּ בַּמְּרוֹמִים...
   ha·l'lu·hu   ba·m'ro·meem

7. הַלְלוּיָהּ, שִׁירוּ לַיְיָ שִׁיר חָדָשׁ,
   Ha·l'lu·yah   shi·ru   lAdonai   sheer   cha·dahsh

8. תְּהִלָּתוֹ בִּקְהַל חֲסִידִים...
   t'hee·la·toh   beek·hal   cha·si·deem

הַלְלוּיָ-הּ	הַלְלִי נַפְשִׁי אֶת ה'	שִׁירוּ לַה' שִׁיר חָדָשׁ
praise Hashem	my soul, praise Hashem	sing to Hashem a new song

My Siddur | Shacharit: Pesukei d'Zimra, Verses of Praise

> **HALELUKAH** — Praise Hashem with musical instruments and dance.
> (This is also the final chapter of Tehilim.)

1. הַלְלוּיָהּ, הַלְלוּ אֵל בְּקָדְשׁוֹ, הַלְלוּהוּ בִּרְקִיעַ עֻזּוֹ.
   Ha·l'lu·yah, ha·l'lu Ayl b'kod·sho, ha·l'lu·hu beer·ki·ah u·zo

2. הַלְלוּהוּ בִגְבוּרֹתָיו, הַלְלוּהוּ כְּרֹב גֻּדְלוֹ.
   ha·l'lu·hu beeg·vu·ro·tav, ha·l'lu·hu k'rov gewd·lo

3. הַלְלוּהוּ בְּתֵקַע שׁוֹפָר, הַלְלוּהוּ בְּנֵבֶל וְכִנּוֹר.
   ha·l'lu·hu b'tay·ka sho·far, ha·l'lu·hu b'nay·vel v'chi·nor

4. הַלְלוּהוּ בְּתֹף וּמָחוֹל, הַלְלוּהוּ בְּמִנִּים וְעֻגָב.
   ha·l'lu·hu b'tof u·ma·chol, ha·l'lu·hu b'mi·neem v'u·gav

5. הַלְלוּהוּ בְצִלְצְלֵי שָׁמַע, הַלְלוּהוּ בְּצִלְצְלֵי תְרוּעָה.
   ha·l'lu·hu b'tzeel·tz'lay sha·ma, ha·l'lu·hu b'tzeel·tz'lay t'ru·ah

6. כֹּל הַנְּשָׁמָה תְּהַלֵּל יָהּ, הַלְלוּיָהּ.
   kol ha·n'sha·ma t'ha·layl Yah, Ha·l'lu·yah

7. כֹּל הַנְּשָׁמָה תְּהַלֵּל יָהּ, הַלְלוּיָהּ.
   kol ha·n'sha·ma t'ha·layl Yah, Ha·l'lu·yah

הַלְלוּיָ-הּ	בְּתֹף	וּמָחוֹל
praise Hashem	with drums	and dance

VAYEVARECH DAVID

Ba·ruch Adonai l'o·lahm ah·mayn v'ah·mayn
1 בָּרוּךְ יְיָ לְעוֹלָם, אָמֵן וְאָמֵן...

---

vai·va·rech Da·veed et Adonai l'ay·nay kol ha·ka·hal
2 וַיְבָרֶךְ דָּוִיד אֶת יְיָ, לְעֵינֵי כָּל הַקָּהָל,

va·yo·mehr Da·veed
3 וַיֹּאמֶר דָּוִיד:

Ba·ruch A·ta Adonai Elohay Yisrael a·vi·nu
4 בָּרוּךְ אַתָּה יְיָ, אֱלֹהֵי יִשְׂרָאֵל אָבִינוּ,

may·o·lahm v'ahd o·lahm
5 מֵעוֹלָם וְעַד עוֹלָם...

V'CHAROT

v'cha·roht ee·mo ha·b'reet la·tayt et eh·retz
6 וְכָרוֹת עִמּוֹ הַבְּרִית, לָתֵת אֶת אֶרֶץ

ha·k'na·a·ni ha·chi·ti ha·eh·mo·ri v'ha·p'ri·zi v'hai·vu·si v'ha·geer·ga·shi
7 הַכְּנַעֲנִי, הַחִתִּי, הָאֱמֹרִי, וְהַפְּרִזִּי, וְהַיְבוּסִי, וְהַגִּרְגָּשִׁי,

la·tayt l'zar·o va·ta·kem et d'va·reh·cha ki tza·deek A·ta
8 לָתֵת לְזַרְעוֹ, וַתָּקֶם אֶת דְּבָרֶיךָ, כִּי צַדִּיק אָתָּה...

וַתָּקֶם אֶת דְּבָרֶיךָ	כִּי צַדִּיק אָתָּה
You fulfilled Your Words	for You are righteous

Vayosha

meetz·ra·yeem mi·yad Yisrael et ha·hu ba·yohm Adonai va·yo·sha
1 וַיּֽוֹשַׁע יְיָ בַּיּוֹם הַהוּא, אֶת יִשְׂרָאֵל מִיַּד מִצְרָיִם,

ha·yahm s'faht al mayt meetz·ra·yeem et Yisrael va·yar
2 וַיַּרְא יִשְׂרָאֵל אֶת מִצְרַיִם, מֵת עַל שְׂפַת הַיָּם.

ha·g'doh·la ha·yad et Yisrael va·yar
3 וַיַּרְא יִשְׂרָאֵל אֶת הַיָּד הַגְּדֹלָה,

Adonai et ha·ahm va·yi·r'u b'meetz·ra·yeem Adonai ah·sa ah·sher
4 אֲשֶׁר עָשָׂה יְיָ בְּמִצְרַיִם, וַיִּירְאוּ הָעָם אֶת יְיָ,

av·doh oov·Moshe bAdonai va·ya·a·mi·nu
5 וַיַּאֲמִינוּ בַּייָ וּבְמֹשֶׁה עַבְדּוֹ.

Az Yashir

lAdonai ha·zot ha·shi·ra et Yisrael oov·nay Moshe ya·sheer az
6 אָז יָשִׁיר מֹשֶׁה וּבְנֵי יִשְׂרָאֵל אֶת הַשִּׁירָה הַזֹּאת לַייָ,

ga·ah ga·o ki lAdonai a·shi·ra lay·mor va·yo·m'ru
7 וַיֹּאמְרוּ לֵאמֹר: אָשִׁירָה לַייָ כִּי גָאֹה גָּאָה,

va·yahm ra·ma v'ro·ch'vo soos
8 סוּס וְרֹכְבוֹ רָמָה בַיָּם.

li·shu·ah li vai·hee Yah v'zeem·raht o·zi
9 עָזִּי וְזִמְרָת יָהּ, וַיְהִי לִי לִישׁוּעָה,

va·a·ro·m'men·Hu a·vi Elohay v'ahn·vay·Hu Ayli zeh
10 זֶה אֵלִי וְאַנְוֵהוּ, אֱלֹהֵי אָבִי וַאֲרֹמְמֶנְהוּ...

וַיַּאֲמִינוּ בַּה׳ וּבְמֹשֶׁה עַבְדּוֹ
they believed in Hashem and in Moshe, His servant

זֶה אֵ-לִי וְאַנְוֵהוּ
this is my G-d and I will glorify Him

Yishtabach

This closing bracha of Pesukei d'Zimra includes 15 expressions of praise to Hashem.

On Shabbat:

1. וּבְכֵן יִשְׁתַּבַּח שִׁמְךָ לָעַד מַלְכֵּנוּ,
   oov·chayn   yeesh·ta·bach   Sheem·cha   la·ahd   Mal·kay·nu

2. הָאֵל, הַמֶּלֶךְ, הַגָּדוֹל, וְהַקָּדוֹשׁ, בַּשָּׁמַיִם וּבָאָרֶץ.
   ha·Ayl   ha·Meh·lech   ha·ga·dol   v'ha·ka·dosh   ba·sha·ma·yeem   u·va·ah·retz

3. כִּי לְךָ נָאֶה יְיָ אֱלֹהֵינוּ וֵאלֹהֵי אֲבוֹתֵינוּ,
   ki   l'cha   na·eh   Adonai   Elohaynu   vAylohay   a·vo·tay·nu

4. לְעוֹלָם וָעֶד.
   l'o·lahm   va·ed

5. שִׁיר וּשְׁבָחָה, הַלֵּל וְזִמְרָה, עֹז וּמֶמְשָׁלָה,
   sheer   oosh·va·cha   ha·layl   v'zeem·ra   ohz   u·mem·sha·la

6. נֶצַח, גְּדֻלָּה וּגְבוּרָה, תְּהִלָּה וְתִפְאֶרֶת,
   ne·tzach   g'du·la   oog·vu·ra   t'hee·la   v'teef·eh·ret

7. קְדֻשָּׁה וּמַלְכוּת.
   k'du·sha   u·mal·choot

שִׁיר	וּשְׁבָחָה	הַלֵּל	וְזִמְרָה
song	praise	praise	melody

My Siddur | Shacharit: Pesukei d'Zimra, Verses of Praise

1. בְּרָכוֹת וְהוֹדָאוֹת, לְשִׁמְךָ הַגָּדוֹל וְהַקָּדוֹשׁ,
   b'ra·chot   v'ho·da·oht   l'Sheem·cha   ha·ga·dol   v'ha·ka·dosh

2. וּמֵעוֹלָם עַד עוֹלָם אַתָּה אֵל.
   u·may·o·lahm   ahd   o·lahm   A·ta   Ayl

3. בָּרוּךְ אַתָּה יְיָ,
   Ba·ruch   A·ta   Adonai

4. אֵל מֶלֶךְ, גָּדוֹל, וּמְהֻלָּל בַּתִּשְׁבָּחוֹת,
   Ayl   Meh·lech   ga·dol   oom·hu·lal   ba·teesh·ba·chot

5. אֵל הַהוֹדָאוֹת, אֲדוֹן הַנִּפְלָאוֹת,
   Ayl   ha·ho·da·oht   A·dohn   ha·neef·la·oht

6. בּוֹרֵא כָּל הַנְּשָׁמוֹת, רִבּוֹן כָּל הַמַּעֲשִׂים.
   bo·ray   kol   ha·n'sha·moht   Ree·bohn   kol   ha·ma·ah·seem

7. הַבּוֹחֵר בְּשִׁירֵי זִמְרָה,
   ha·bo·chayr   b'shi·ray   zeem·ra

8. מֶלֶךְ יָחִיד, חֵי הָעוֹלָמִים.
   Meh·lech   ya·cheed   chay   ha·o·la·meem

When praying with a *minyan*, the *Chazzan* recites
Half *Kaddish* (page 76) and *Barchu* (below).

מֶלֶךְ יָחִיד	חֵי הָעוֹלָמִים
the only King	the Life of the worlds

My Siddur | Shacharit: Blessings of Shema 36

Barchu

The Chazzan invites the congregation to join him in blessing.

We bow along with the *Chazzan* while he says *"Barchu."*

Chazzan:

ha·m'vo·rach Adonai et ba·r'chu

1 בָּרְכוּ אֶת יְיָ הַמְּבֹרָךְ.

We bow while saying *"Baruch"* and straighten up for *"A-donai."*

Cong. then *Chazzan*:

va·ed l'o·lahm ha·m'vo·rach Adonai Ba·ruch

2 בָּרוּךְ יְיָ הַמְּבֹרָךְ לְעוֹלָם וָעֶד.

Yotzer Or

First blessing before the Shema:
Hashem creates light and darkness, goodness and otherwise.

ha·o·lahm Meh·lech Elohaynu Adonai A·ta Ba·ruch

3 בָּרוּךְ אַתָּה יְיָ, אֱלֹהֵינוּ, מֶלֶךְ הָעוֹלָם,

cho·shech u·vo·ray or yo·tzayr

4 יוֹצֵר אוֹר, וּבוֹרֵא חֹשֶׁךְ,

ha·kol et u·vo·ray shalom o·seh

5 עֹשֶׂה שָׁלוֹם, וּבוֹרֵא אֶת הַכֹּל.

שָׁלוֹם	חֹשֶׁךְ	אוֹר
peace	darkness	light

My Siddur | Shacharit: Blessings of Shema

Blessings of Shema Samplings

1. הַמֵּאִיר לָאָרֶץ וְלַדָּרִים עָלֶיהָ בְּרַחֲמִים,
   ha·may·eer la·a·retz v'la·da·reem a·le·ha b'ra·cha·meem

2. וּבְטוּבוֹ מְחַדֵּשׁ בְּכָל יוֹם תָּמִיד מַעֲשֵׂה בְרֵאשִׁית...
   oov·tu·vo m'cha·daysh b'chol yohm ta·meed ma·a·say v'ray·sheet

3. תִּתְבָּרֵךְ לָנֶצַח, צוּרֵנוּ, מַלְכֵּנוּ, וְגֹאֲלֵנוּ, בּוֹרֵא קְדוֹשִׁים...
   teet·ba·raych la·ne·tzach Tzu·ray·nu Mal·kay·nu v'Go·ah·lay·nu bo·ray k'doh·sheem

4. אֶת שֵׁם הָאֵל, הַמֶּלֶךְ הַגָּדוֹל, הַגִּבּוֹר וְהַנּוֹרָא, קָדוֹשׁ הוּא...
   et Shaym ha·Ayl ha·Meh·lech ha·Ga·dol ha·Gi·bor v'ha·No·ra Ka·dosh Hu

Angels' Praise — All kinds of angels sing all kinds of praises. Here, we chant some of the angels' praises.

5. קָדוֹשׁ קָדוֹשׁ קָדוֹשׁ, יְיָ צְבָאוֹת,
   Ka·dosh Ka·dosh Ka·dosh Adonai Tz'va·oht

6. מְלֹא כָל הָאָרֶץ כְּבוֹדוֹ.
   m'lo chol ha·ah·retz k'vo·doh

7. בָּרוּךְ כְּבוֹד יְיָ מִמְּקוֹמוֹ.
   Ba·ruch k'vod Adonai mi·m'ko·mo

קָדוֹשׁ	מְלֹא	הָאָרֶץ
holy	fills	the world

LA·KEIL BARUCH

End of the first blessing before Shema:
Hashem continues to create everything, always.

♫ 32

v'ka·yahm chai Ayl la·Meh·lech yi·tay·nu n'ee·moht Ba·ruch la·Ayl
1 **לָאֵל בָּרוּךְ** נְעִימוֹת יִתֵּנוּ, לַמֶּלֶךְ אֵל חַי וְקַיָּם.

yash·mi·u v'teesh·ba·chot yo·may·ru z'mi·roht
2 זְמִרוֹת יֹאמֵרוּ, וְתִשְׁבָּחוֹת יַשְׁמִיעוּ.

v'ka·dosh ma·rohm l'va·doh Hu ki
3 כִּי הוּא לְבַדּוֹ, מָרוֹם וְקָדוֹשׁ,

meel·cha·moht ba·al cha·da·shoht o·seh g'vu·roht po·ayl
4 פּוֹעֵל גְּבוּרוֹת, עוֹשֶׂה חֲדָשׁוֹת, בַּעַל מִלְחָמוֹת,

r'fu·oht bo·ray y'shu·oht matz·mi·ach tz'da·kot zo·ray·ah
5 זוֹרֵעַ צְדָקוֹת, מַצְמִיחַ יְשׁוּעוֹת, **בּוֹרֵא** רְפוּאוֹת,

ha·neef·la·oht A·dohn t'hee·loht no·ra
6 נוֹרָא תְהִלּוֹת, **אֲדוֹן הַנִּפְלָאוֹת**,

v'ray·sheet ma·ah·say ta·meed yohm b'chol b'tu·vo ha·m'cha·daysh
7 **הַמְחַדֵּשׁ** בְּטוּבוֹ, בְּכָל יוֹם **תָּמִיד**, מַעֲשֵׂה בְרֵאשִׁית.

chas·doh l'o·lahm ki g'doh·leem o·reem l'o·say ka·ah·moor
8 כָּאָמוּר: לְעֹשֵׂה אוֹרִים גְּדֹלִים, כִּי לְעוֹלָם חַסְדּוֹ.

ha·m'o·roht yo·tzayr Adonai A·ta Ba·ruch
9 בָּרוּךְ אַתָּה יְיָ, יוֹצֵר הַמְּאוֹרוֹת.

תָּמִיד	הַמְחַדֵּשׁ	הַנִּפְלָאוֹת	אֲדוֹן	בּוֹרֵא
continuously	renews	wonders	Master	creates

Ahavat Olam

Second blessing before Shema:
We prepare to awaken our love for Hashem in Shema by reminding ourselves that Hashem loves us.

a·ha·vaht o·lahm a·hav·ta·nu Adonai Elohaynu
אַהֲבַת עוֹלָם אֲהַבְתָּנוּ יְיָ אֱלֹהֵינוּ,

chem·la g'doh·la vi·tay·ra cha·mal·ta a·lay·nu
חֶמְלָה גְדוֹלָה וִיתֵרָה חָמַלְתָּ עָלֵינוּ...

A·vi·nu Av ha·Ra·cha·mahn ha·m'ra·chaym
אָבִינוּ אָב הָרַחֲמָן, הַמְּרַחֵם,

♫ 33

ra·chem na a·lay·nu v'tayn b'li·bay·nu bee·na
רַחֵם נָא עָלֵינוּ, וְתֵן בְּלִבֵּנוּ בִּינָה,

l'ha·veen ool·hahs·keel leesh·mo·ah leel·mohd u·l'la·mayd leesh·mor v'la·ah·sot
לְהָבִין, וּלְהַשְׂכִּיל, לִשְׁמֹעַ, לִלְמוֹד, וּלְלַמֵּד, לִשְׁמֹר, וְלַעֲשׂוֹת,

ool·ka·yaym et kol deev·ray tal·mood Torah·teh·cha b'a·ha·va
וּלְקַיֵּם אֶת כָּל דִּבְרֵי תַלְמוּד תּוֹרָתֶךָ בְּאַהֲבָה.

v'ha·ayr ay·nay·nu b'Torah·teh·cha v'da·bayk li·bay·nu b'meetz·vo·teh·cha
וְהָאֵר עֵינֵינוּ בְּתוֹרָתֶךָ, וְדַבֵּק לִבֵּנוּ בְּמִצְוֹתֶיךָ,

v'ya·chayd l'va·vay·nu l'a·ha·va ool·yeer·ah et Sh'meh·cha
וְיַחֵד לְבָבֵנוּ לְאַהֲבָה וּלְיִרְאָה אֶת שְׁמֶךָ,

v'lo nay·vosh v'lo ni·ka·laym v'lo ni·ka·shayl l'o·lahm va·ed
וְלֹא נֵבוֹשׁ, וְלֹא נִכָּלֵם, וְלֹא נִכָּשֵׁל לְעוֹלָם וָעֶד...

We gather the *tzitzit* into our left hand.

va·ha·vi·ay·nu l'shalom may·ar·ba kahn·foht ha·ah·retz
וַהֲבִיאֵנוּ לְשָׁלוֹם מֵאַרְבַּע כַּנְפוֹת הָאָרֶץ...

v'kay·rav·ta·nu Mal·kay·nu l'Sheem·cha ha·ga·dol b'a·ha·va
וְקֵרַבְתָּנוּ מַלְכֵּנוּ לְשִׁמְךָ הַגָּדוֹל בְּאַהֲבָה,

l'ho·doht l'cha ool·ya·ched·cha ool·a·ha·va et Sh'meh·cha
לְהוֹדוֹת לְךָ וּלְיַחֶדְךָ וּלְאַהֲבָה אֶת שְׁמֶךָ.

Ba·ruch A·ta Adonai ha·bo·chayr b'a·mo Yisrael b'a·ha·va
בָּרוּךְ אַתָּה יְיָ, הַבּוֹחֵר בְּעַמּוֹ יִשְׂרָאֵל בְּאַהֲבָה.

אֲהַבְתָּנוּ	You loved us
וְדַבֵּק לִבֵּנוּ בְּמִצְוֹתֶיךָ	attach our hearts to Your *mitzvot*
וְקֵרַבְתָּנוּ	bring us close
הַבּוֹחֵר בְּעַמּוֹ יִשְׂרָאֵל בְּאַהֲבָה	chooses His nation Israel with love

SHEMA

We proclaim our loyalty to The One Hashem:
Hear O Israel, Hashem is our G-d, Hashem is One.

The *Shema* is our most important declaration and affirmation of Hashem's unity.

As we say the *Shema* we have in mind that we accept Hashem's Torah and *mitzvot* in our lives, and we are ready to live – and if need be, die – for Hashem.

While holding the *tzitzit* in our left hand, we cover our eyes with our right hand in order to say the *Shema* with total concentration.

Yisrael Sh'ma
שְׁמַע יִשְׂרָאֵל, 1 ♫ 34

Elohaynu Adonai
יְיָ אֱלֹהֵינוּ, 2

Eh·chad Adonai
יְיָ אֶחָד. 3

Shhh... whisper these words.

va·ed l'o·lahm mal·chu·toh k'vod shaym Ba·ruch
בָּרוּךְ שֵׁם כְּבוֹד מַלְכוּתוֹ לְעוֹלָם וָעֶד. 4

My Siddur | Shacharit: Shema

V'AHAVTA — Love Hashem until self-sacrifice, study Torah everywhere, teach it to our children, wrap Tefilin and post Mezuzot.

Pause when you get to a dot (·) to separate between the words.

1. וְאָהַבְתָּ אֵת יְיָ אֱלֹהֶיךָ,
   v'a·hav·ta   ait   Adonai   Elohecha

2. בְּכָל · לְבָבְךָ, וּבְכָל נַפְשְׁךָ, וּבְכָל מְאֹדֶךָ.
   b'chol   l'va·v'cha   oov·chol   naf·sh'cha   oov·chol   m'o·deh·cha

3. וְהָיוּ הַדְּבָרִים הָאֵלֶּה,
   v'ha·yu   ha·d'va·reem   ha·ay·leh

4. אֲשֶׁר אָנֹכִי מְצַוְּךָ הַיּוֹם, עַל · לְבָבֶךָ.
   ah·sher   A·no·chi   m'tza·v'cha   ha·yohm   al   l'va·veh·cha

5. וְשִׁנַּנְתָּם לְבָנֶיךָ, וְדִבַּרְתָּ בָּם,
   v'shi·nan·tahm   l'va·ne·cha   v'dee·bar·ta   bahm

6. בְּשִׁבְתְּךָ בְּבֵיתֶךָ, וּבְלֶכְתְּךָ בַדֶּרֶךְ, וּבְשָׁכְבְּךָ, וּבְקוּמֶךָ.
   b'sheev·t'cha   b'vay·teh·cha   oov·lech·t'cha   va·deh·rech   oov·shoch·b'cha   oov·ku·meh·cha

7. וּקְשַׁרְתָּם לְאוֹת עַל יָדֶךָ, וְהָיוּ לְטֹטָפֹת בֵּין עֵינֶיךָ.
   ook·shar·tahm   l'oht   al   ya·deh·cha   v'ha·yu   l'toh·ta·foht   bain   ay·ne·cha

8. וּכְתַבְתָּם · עַל מְזֻזוֹת בֵּיתֶךָ, וּבִשְׁעָרֶיךָ.
   ooch·tav·tahm   al   m'zu·zot   bay·teh·cha   u·veesh·a·reh·cha

וְאָהַבְתָּ	לְבָבְךָ	נַפְשְׁךָ	מְאֹדֶךָ
love	heart	soul	might/money

בְּבֵיתֶךָ	בַדֶּרֶךְ	וּבְשָׁכְבְּךָ	וּבְקוּמֶךָ	וּקְשַׁרְתָּם	לְאוֹת	מְזֻזוֹת
in your house	on the road	bedtime	wake-up time	wrap them	sign	doorposts

V'HAYA

Rewards and consequences for keeping the Mitzvot.

♫ 36

v'ha·ya eem sha·mo·ah teesh·m'u

1 **וְהָיָה, אִם שָׁמֹעַ תִּשְׁמְעוּ,**

el meetz·vo·tai ah·sher A·no·chi m'tza·veh et·chem ha·yohm

2 **אֶל מִצְוֹתַי, אֲשֶׁר אָנֹכִי מְצַוֶּה אֶתְכֶם הַיּוֹם,**

l'a·ha·va et Adonai Elohaychem

3 **לְאַהֲבָה אֶת יְיָ אֱלֹהֵיכֶם,**

ool·ov·doh b'chol l'vav·chem oov·chol naf·sh'chem

4 **וּלְעָבְדוֹ בְּכָל · לְבַבְכֶם, וּבְכָל נַפְשְׁכֶם.**

v'na·ta·ti m'tar ar·tz'chem b'ee·toh yo·reh u·mal·kosh

5 **וְנָתַתִּי מְטַר אַרְצְכֶם בְּעִתּוֹ, יוֹרֶה וּמַלְקוֹשׁ.**

v'a·saf·ta d'ga·ne·cha v'ti·ro·sh'cha v'yeetz·ha·reh·cha

6 **וְאָסַפְתָּ דְגָנֶךָ, וְתִירֹשְׁךָ, וְיִצְהָרֶךָ.**

v'na·ta·ti ay·sev b'sa·d'cha leev·hem·teh·cha

7 **וְנָתַתִּי עֵשֶׂב בְּשָׂדְךָ, לִבְהֶמְתֶּךָ,**

v'a·chal·ta v'sa·va·ta

8 **וְאָכַלְתָּ, וְשָׂבָעְתָּ.**

שָׁמֹעַ	וּלְעָבְדוֹ	מְטַר	וְאָכַלְתָּ	וְשָׂבָעְתָּ
listen	to serve Him	rain	you will eat	you will be satisfied

My Siddur | Shacharit: Shema

1. הִשָּׁמְרוּ לָכֶם, פֶּן יִפְתֶּה לְבַבְכֶם,
   he·sha·m'ru la·chem pen yeef·teh l'vav·chem

2. וְסַרְתֶּם, וַעֲבַדְתֶּם ∙ אֱלֹהִים אֲחֵרִים,
   v'sar·tem va·ah·va·d'tem Eloheem a·chay·reem

3. וְהִשְׁתַּחֲוִיתֶם לָהֶם.
   v'heesh·ta·cha·vi·tem la·hem

4. וְחָרָה, אַף יְיָ בָּכֶם,
   v'cha·ra ahf Adonai ba·chem

5. וְעָצַר אֶת הַשָּׁמַיִם, וְלֹא יִהְיֶה מָטָר,
   v'a·tzar et ha·sha·ma·yeem v'lo yeeh·yeh ma·tar

6. וְהָאֲדָמָה לֹא תִתֵּן אֶת יְבוּלָהּ,
   v'ha·ah·da·ma lo ti·tayn et y'vu·lah

7. וַאֲבַדְתֶּם ∙ מְהֵרָה מֵעַל הָאָרֶץ הַטֹּבָה,
   va·ah·va·d'tem m'hay·ra may·al ha·ah·retz ha·toh·va

8. אֲשֶׁר יְיָ נֹתֵן לָכֶם.
   ah·sher Adonai no·tayn la·chem

9. וְשַׂמְתֶּם ∙ אֶת דְּבָרַי אֵלֶּה,
   v'sahm·tem et d'va·rai ay·leh

10. עַל ∙ לְבַבְכֶם, וְעַל נַפְשְׁכֶם.
    al l'vav·chem v'al naf·sh'chem

הִשָּׁמְרוּ	יִפְתֶּה	וְסַרְתֶּם
beware	be tempted	turn away

My Siddur | Shacharit: Shema   44

1. וּקְשַׁרְתֶּם ∙ אֹתָם לְאוֹת עַל יֶדְכֶם,
   ook·shar·tem   o·tahm   l'oht   al   yed·chem

2. וְהָיוּ לְטוֹטָפֹת, בֵּין עֵינֵיכֶם.
   v'ha·yu   l'toh·ta·foht   bain   ay·nay·chem

3. וְלִמַּדְתֶּם ∙ אֹתָם ∙ אֶת בְּנֵיכֶם לְדַבֵּר בָּם,
   v'li·ma·d'tem   o·tahm   et   b'nay·chem   l'da·bayr   bahm

4. בְּשִׁבְתְּךָ בְּבֵיתֶךָ, וּבְלֶכְתְּךָ בַדֶּרֶךְ,
   b'sheev·t'cha   b'vay·teh·cha   oov·lech·t'cha   va·deh·rech

5. וּבְשָׁכְבְּךָ וּבְקוּמֶךָ.
   oov·shoch·b'cha   oov·ku·meh·cha

6. וּכְתַבְתָּם ∙ עַל מְזוּזוֹת בֵּיתֶךָ, וּבִשְׁעָרֶיךָ.
   ooch·tav·tahm   al   m'zu·zot   bay·teh·cha   u·veesh·a·reh·cha

7. לְמַעַן יִרְבּוּ יְמֵיכֶם, וִימֵי בְנֵיכֶם, עַל הָאֲדָמָה,
   l'ma·ahn   yeer·bu   y'may·chem   vi·may   v'nay·chem   al   ha·ah·da·ma

8. אֲשֶׁר נִשְׁבַּע יְיָ לַאֲבֹתֵיכֶם, לָתֵת לָהֶם,
   ah·sher   neesh·ba   Adonai   la·ah·vo·tay·chem   la·tayt   la·hem

9. כִּימֵי הַשָּׁמַיִם עַל הָאָרֶץ.
   ki·may   ha·sha·ma·yeem   al   ha·ah·retz

וּכְתַבְתָּם	וְלִמַּדְתֶּם	וּקְשַׁרְתֶּם
write	teach	wrap

My Siddur | Shacharit: Shema

VAYOMER — 1) Tzitzit remind us of the Mitzvot and help us stay on the right path. 2) We remember our redemption from Egypt.

We hold our *tzitzit*, look at them as we begin "*Vayomer*" and kiss them at the words "*tzitzit*" and "*emet*" (during daylight hours).

1. וַיֹּאמֶר יְיָ אֶל מֹשֶׁה לֵּאמֹר:
   va·yo·mer Adonai el Moshe lay·mor

2. דַּבֵּר אֶל בְּנֵי יִשְׂרָאֵל, וְאָמַרְתָּ אֲלֵהֶם,
   da·bayr el b'nay Yisrael v'a·mar·ta a·lay·hem

3. וְעָשׂוּ לָהֶם צִיצִת, עַל כַּנְפֵי בִגְדֵיהֶם לְדֹרֹתָם.
   v'a·su la·hem tzi·tzeet al kan·fay veeg·day·hem l'doh·ro·tahm

4. וְנָתְנוּ עַל צִיצִת הַכָּנָף, פְּתִיל תְּכֵלֶת.
   v'na·t'nu al tzi·tzeet ha·ka·naf p'teel t'chay·let

5. וְהָיָה לָכֶם לְצִיצִת, וּרְאִיתֶם · אֹתוֹ,
   v'ha·ya la·chem l'tzi·tzeet oor·ee·tem o·toh

6. וּזְכַרְתֶּם · אֶת כָּל מִצְוֹת יְיָ, וַעֲשִׂיתֶם · אֹתָם.
   ooz·char·tem et kol meetz·voht Adonai va·ah·si·tem o·tahm

7. וְלֹא תָתוּרוּ אַחֲרֵי לְבַבְכֶם, וְאַחֲרֵי עֵינֵיכֶם,
   v'lo ta·tu·ru a·cha·ray l'vav·chem v'a·cha·ray ay·nay·chem

8. אֲשֶׁר אַתֶּם זֹנִים אַחֲרֵיהֶם.
   ah·sher ah·tem zo·neem a·cha·ray·hem

צִיצִת	הַכָּנָף	וּרְאִיתֶם	וּזְכַרְתֶּם	מִצְוֹת	וַעֲשִׂיתֶם
fringes	corner	see	remember	commandments	and do them

My Siddur | Shacharit: Shema

1. לְמַעַן תִּזְכְּרוּ, וַעֲשִׂיתֶם · אֶת כָּל מִצְוֹתָי,
   l'ma·ahn teez·k'ru va·ah·si·tem et kol meetz·vo·tai

2. וִהְיִיתֶם קְדֹשִׁים לֵאלֹהֵיכֶם.
   veeh·yi·tem k'doh·sheem lAylohaychem

3. אֲנִי יְיָ אֱלֹהֵיכֶם,
   A·ni Adonai Elohaychem

4. אֲשֶׁר הוֹצֵאתִי אֶתְכֶם · מֵאֶרֶץ מִצְרַיִם,
   ah·sher ho·tzay·ti et·chem may·eh·retz meetz·ra·yeem

5. לִהְיוֹת לָכֶם לֵאלֹהִים.
   leeh·yoht la·chem lAyloheem

6. אֲנִי יְיָ אֱלֹהֵיכֶם,
   A·ni Adonai Elohaychem

7. אֲנִי יְיָ אֱלֹהֵיכֶם, אֱמֶת;
   A·ni Adonai Elohaychem e·met

V'YATZIV — Blessing after the Shema: All that we have just proclaimed is true and certain, treasured and dear, forever and ever.

8. וְיַצִּיב, וְנָכוֹן, וְקַיָּם, וְיָשָׁר, וְנֶאֱמָן, וְאָהוּב וְחָבִיב,
   v'ya·tzeev v'na·chon v'ka·yahm v'ya·shar v'neh·eh·mahn v'ah·hoov v'cha·veev

9. וְנֶחְמָד וְנָעִים, וְנוֹרָא וְאַדִּיר, וּמְתֻקָּן וּמְקֻבָּל,
   v'nech·mahd v'na·eem v'no·ra v'ah·deer oom·tu·kan oom·ku·bal

10. וְטוֹב וְיָפֶה, הַדָּבָר הַזֶּה עָלֵינוּ לְעוֹלָם וָעֶד...
    v'tov v'ya·feh ha·da·var ha·zeh a·lay·nu l'o·lahm va·ed

תִּזְכְּרוּ	מִצְוֹתָי	קָדֹשִׁים	הוֹצֵאתִי אֶתְכֶם	מִצְרַיִם	אֱמֶת
remember	My commandments	holy	I took you out	of Egypt	truth

47 My Siddur | Shacharit: Blessings of Shema

EZRAT: Hashem always helps us!

1 עֶזְרַת אֲבוֹתֵינוּ אַתָּה הוּא מֵעוֹלָם, מָגֵן וּמוֹשִׁיעַ לָהֶם,

ez·raht a·vo·tay·nu A·ta Hu may·o·lahm ma·gayn u·mo·shi·ah la·hem

2 וְלִבְנֵיהֶם אַחֲרֵיהֶם, בְּכָל דּוֹר וָדוֹר...

v'leev·nay·hem a·cha·ray·hem b'chol dor va·dor

MI CHAMOCHA: There is none like Hashem!

3 מִי כָמֹכָה בָּאֵלִם, יְיָ,

mi cha·mo·cha ba·ay·leem Adonai

4 מִי כָּמֹכָה, נֶאְדָּר בַּקֹּדֶשׁ,

mi ka·mo·cha ne·dar ba·ko·desh

5 נוֹרָא תְהִלֹּת עֹשֵׂה פֶלֶא.

no·ra t'hee·loht o·say feh·leh

SHIRA CHADASHA: Thanks to Hashem for our Geula (redemption) from Egypt.

6 שִׁירָה חֲדָשָׁה שִׁבְּחוּ גְאוּלִים לְשִׁמְךָ הַגָּדוֹל,

shi·ra cha·da·sha shi·b'chu g'u·leem l'Sheem·cha ha·ga·dol

7 עַל שְׂפַת הַיָּם, יַחַד כֻּלָּם הוֹדוּ, וְהִמְלִיכוּ, וְאָמְרוּ,

al s'faht ha·yahm ya·chad ku·lahm ho·du v'heem·li·chu v'a·m'ru

8 יְיָ יִמְלֹךְ, לְעוֹלָם וָעֶד.

Adonai yeem·loch l'o·lahm va·ed

9 וְנֶאֱמַר: גֹּאֲלֵנוּ יְיָ צְבָאוֹת שְׁמוֹ, קְדוֹשׁ יִשְׂרָאֵל.

v'ne·eh·mar go·ah·lay·nu Adonai Tz'va·oht Sh'mo K'dosh Yisrael

10 בָּרוּךְ אַתָּה יְיָ, גָּאַל יִשְׂרָאֵל.

Ba·ruch A·ta Adonai ga·al Yisrael

מִי כָמֹכָה	עֹשֵׂה פֶלֶא	שִׁירָה חֲדָשָׁה	גֹּאֲלֵנוּ
who is like You	does wonders	a new song	our Redeemer

| **Sh'moneh Esrei/Amida** | The Amida is the main, silent prayer, with 18 (+1) blessings, divided into 3 parts: Praise, Requests & Thanks. |

Our *tefila* is like a ladder, and the *Amida* is at the top.
1. We express our gratitude to Hashem in *Birchot HaShachar*.
2. We awaken our love and fear of Hashem in Psalms of Praise - *Pesukei d'Zimra*.
3. We affirm our faith in Hashem's unity and accept His *mitzvot* in the *Shema*.
4. We are now ready to stand before the King, Hashem, and request all our needs.

These are the *Amida* blessings:

First 3 Brachot: Praise: 1. Fathers   2. Might   3. Holiness

Middle 13 Brachot: Requests:
1. Knowledge
2. Return
3. Forgiveness
4. Redemption
5. Healing
6. Success
7. Ingathering
8. Justice
9. *Heretics
10. Righteous
11. Jerusalem
12. *Moshiach*
13. Acceptance

Final 3 Brachot: Thanks: 1. Service   2. Thanks   3. Peace

We direct our faces towards the site of the *Beit Hamikdash* in Jerusalem.
(In most of America, we face east.)
We take three steps back, then three steps forward, put our feet together and stand at attention, like a soldier before a king.
We bend our knees and bow four times during the *Amida*, as noted:
We bend at "*Baruch*", bow at "*Ata*" and straighten up for "*A-donai*."

49 My Siddur | Shacharit: Amida/Sh'moneh Esrei

AMIDA / SH'MONEH ESREI

The Amida is the main, silent prayer, with 18 (+1) blessings, divided into 3 parts: Praise, Requests & Thanks.

We ask Hashem to help us speak properly to Him in our Amida, with this introduction:

t'hee·la·teh·cha ya·geed u·fee teef·tach s'fa·tai Adonai
1 אֲדֹנָי שְׂפָתַי תִּפְתָּח, וּפִי יַגִּיד תְּהִלָּתֶךָ.

♫ 39

1. אָבוֹת FATHERS: We bless Hashem, our G-d and the G-d of our forefathers, for His help, kindness and protection.

a·vo·tay·nu vAylohay Elohaynu Adonai A·ta Ba·ruch
2 **בָּרוּךְ** אַתָּה יְיָ, אֱלֹהֵינוּ, וֵאלֹהֵי אֲבוֹתֵינוּ,

Ya·ah·kov vAylohay Yeetz·chak Elohay Av·ra·hahm Elohay
3 אֱלֹהֵי אַבְרָהָם, אֱלֹהֵי יִצְחָק, וֵאלֹהֵי יַעֲקֹב.

el·yohn Ayl v'ha·no·ra ha·gi·bor ha·ga·dol ha·Ayl
4 הָאֵל הַגָּדוֹל הַגִּבּוֹר וְהַנּוֹרָא, אֵל עֶלְיוֹן,

a·voht chas·day v'zo·chayr ha·kol ko·nay toh·veem cha·sa·deem go·mayl
5 גּוֹמֵל חֲסָדִים טוֹבִים, קוֹנֵה הַכֹּל, **וְזוֹכֵר** חַסְדֵי **אָבוֹת**,

b'a·ha·va Sh'mo l'ma·ahn v'nay·hem leev·nay go·ayl u·may·vi
6 וּמֵבִיא **גוֹאֵל** לִבְנֵי בְנֵיהֶם, לְמַעַן שְׁמוֹ, בְּאַהֲבָה.

During the *Aseret Y'mei Teshuva*, we add:

cha·yeem Eloheem l'ma·ahn·cha ha·cha·yeem b'say·fer v'chot·vay·nu ba·cha·yeem cha·faytz Meh·lech l'cha·yeem zoch·ray·nu
7 זָכְרֵנוּ לְחַיִּים, מֶלֶךְ חָפֵץ בַּחַיִּים, וְכָתְבֵנוּ בְּסֵפֶר הַחַיִּים, לְמַעַנְךָ אֱלֹהִים חַיִּים.

u·ma·gayn u·mo·shi·ah o·zayr Meh·lech
8 מֶלֶךְ, עוֹזֵר וּמוֹשִׁיעַ, וּמָגֵן.

Av·ra·hahm ma·gayn Adonai A·ta Ba·ruch
9 בָּרוּךְ אַתָּה יְיָ, מָגֵן אַבְרָהָם.

בְּנֵיהֶם	גּוֹאֵל	אָבוֹת	וְזוֹכֵר	אַתָּה	בָּרוּךְ
children	redeem	fathers	remember	You	Blessed

2. גְּבוּרוֹת MIGHT: The Almighty Hashem supports us, heals us, and restores life to those who passed away (when Moshiach will come).

♫ 40

A·ta gi·bor l'o·lahm Adonai
1 אַתָּה גִּבּוֹר לְעוֹלָם אֲדֹנָי,

m'cha·yeh may·teem A·ta rav l'ho·shi·ah
2 מְחַיֵּה מֵתִים אַתָּה, רַב לְהוֹשִׁיעַ,

mo·reed ha·tal — *Summer* →
3 מוֹרִיד הַטָּל.

← *Winter* — ma·sheev ha·ru·ach u·mo·reed ha·ge·shem
מַשִּׁיב הָרוּחַ וּמוֹרִיד הַגֶּשֶׁם.

m'chal·kayl cha·yeem b'che·sed m'cha·yeh may·teem b'ra·cha·meem ra·beem
4 מְכַלְכֵּל חַיִּים בְּחֶסֶד, מְחַיֵּה מֵתִים בְּרַחֲמִים רַבִּים,

so·maych no·f'leem v'ro·fay cho·leem u·ma·teer a·su·reem
5 סוֹמֵךְ נוֹפְלִים, וְרוֹפֵא חוֹלִים, וּמַתִּיר אֲסוּרִים,

oom·ka·yaym eh·mu·na·toh li·shay·nay ah·far
6 וּמְקַיֵּם אֱמוּנָתוֹ לִישֵׁנֵי עָפָר.

mi cha·mo·cha ba·al g'vu·roht u·mi doh·meh lach
7 מִי כָמוֹךָ בַּעַל גְּבוּרוֹת, וּמִי דּוֹמֶה לָּךְ,

Meh·lech may·meet oom·cha·yeh u·matz·mi·ach y'shu·ah
8 מֶלֶךְ מֵמִית וּמְחַיֶּה, וּמַצְמִיחַ יְשׁוּעָה.

During the *Aseret Y'mei Teshuva*, we add:

mi cha·mo·cha Av ha·Ra·cha·mahn zo·chayr y'tzu·rav l'cha·yeem b'ra·cha·meem
9 מִי כָמוֹךָ, אָב הָרַחֲמָן, זוֹכֵר יְצוּרָיו לְחַיִּים, בְּרַחֲמִים.

v'neh·eh·mahn A·ta l'ha·cha·yoht may·teem
10 וְנֶאֱמָן אַתָּה לְהַחֲיוֹת מֵתִים.

Ba·ruch A·ta Adonai m'cha·yeh ha·may·teem
11 בָּרוּךְ אַתָּה יְיָ, מְחַיֵּה הַמֵּתִים.

גִּבּוֹר	מְחַיֵּה מֵתִים	מְכַלְכֵּל חַיִּים	וְנֶאֱמָן
mighty	revives the dead	sustains life	trustworthy

3. קְדוּשָּׁה HOLINESS: Hashem is Holy, infinitely removed from this world, yet chooses to connect to us and makes us His holy nation.

A·ta Ka·dosh v'Sheem·cha Ka·dosh

1 אַתָּה קָדוֹשׁ, וְשִׁמְךָ קָדוֹשׁ, ♫ 41

ook·doh·sheem b'chol yohm y'ha·l'lu·cha seh·la

2 וּקְדוֹשִׁים בְּכָל יוֹם יְהַלְלוּךָ סֶּלָה.

Ba·ruch A·ta Adonai ha·Ayl ha·Ka·dosh

3 בָּרוּךְ אַתָּה יְיָ, הָאֵל הַקָּדוֹשׁ.

During the *Aseret Y'mei Teshuva*, we replace "ha·Ayl - הָאֵל" with "ha·Meh·lech - הַמֶּלֶךְ."

קָדוֹשׁ
holy

4. דַּעַת KNOWLEDGE: Hashem, grant us wisdom, understanding and knowledge.

A·ta cho·nayn l'a·dahm da·aht oom·la·mayd le·eh·nosh bee·na

4 אַתָּה חוֹנֵן לְאָדָם דַּעַת, וּמְלַמֵּד לֶאֱנוֹשׁ בִּינָה. ♫ 42

cho·nay·nu may·ee·t'cha choch·ma bee·na va·da·aht

5 חָנֵּנוּ מֵאִתְּךָ חָכְמָה, בִּינָה, וָדָעַת.

Ba·ruch A·ta Adonai cho·nayn ha·da·aht

6 בָּרוּךְ אַתָּה יְיָ, חוֹנֵן הַדָּעַת.

חָכְמָה	בִּינָה	וָדָעַת
wisdom	understanding	knowledge/application

5. תְּשׁוּבָה RETURN: Hashem, return us to Your Torah and service.

♫ 43

ha·shi·vay·nu A·vi·nu l'Torah·teh·cha
1 הֲשִׁיבֵנוּ אָבִינוּ לְתוֹרָתֶךָ,

v'ka·r'vay·nu Mal·kay·nu la·ah·vo·da·teh·cha
2 וְקָרְבֵנוּ מַלְכֵּנוּ לַעֲבוֹדָתֶךָ,

v'ha·cha·zi·ray·nu beet·shu·va sh'lay·ma l'fa·ne·cha
3 וְהַחֲזִירֵנוּ בִּתְשׁוּבָה שְׁלֵמָה לְפָנֶיךָ.

Ba·ruch A·ta Adonai ha·ro·tzeh beet·shu·va
4 בָּרוּךְ אַתָּה יְיָ, הָרוֹצֶה בִּתְשׁוּבָה.

הֲשִׁיבֵנוּ	לְתוֹרָתֶךָ	בִּתְשׁוּבָה
return us	to Your Torah	return/repentance

6. סְלִיחָה FORGIVENESS: Hashem, forgive us for all our wrongdoings.

♫ 44

s'lach la·nu A·vi·nu ki cha·ta·nu
5 סְלַח לָנוּ אָבִינוּ, כִּי חָטָאנוּ,

m'chol la·nu Mal·kay·nu ki fa·sha·nu
6 מְחוֹל לָנוּ מַלְכֵּנוּ, כִּי פָשָׁעְנוּ,

ki Ayl tov v'sa·lach A·ta
7 כִּי אֵל טוֹב וְסַלָּח אָתָּה.

Ba·ruch A·ta Adonai cha·noon ha·mar·beh lees·lo·ach
8 בָּרוּךְ אַתָּה יְיָ, חַנּוּן הַמַּרְבֶּה לִסְלוֹחַ.

סְלַח לָנוּ
forgive us

7. גְּאוּלָה REDEMPTION: Hashem, see our plight and redeem us from all suffering.

♫ 45

r'ay na v'on·yay·nu v'ri·va ri·vay·nu
רְאֵה נָא בְעָנְיֵנוּ, וְרִיבָה רִיבֵנוּ,

oog·a·lay·nu m'hay·ra l'ma·ahn Sh'meh·cha
וּגְאָלֵנוּ מְהֵרָה לְמַעַן שְׁמֶךָ,

ki Ayl go·ayl cha·zak A·ta
כִּי אֵל גּוֹאֵל חָזָק אָתָּה.

Ba·ruch A·ta Adonai go·ayl Yisrael
בָּרוּךְ אַתָּה יְיָ, גּוֹאֵל יִשְׂרָאֵל.

רְאֵה	בְעָנְיֵנוּ	וּגְאָלֵנוּ
see	our suffering	redeem us

8. רְפוּאָה HEALING: Hashem, heal all our illnesses.

♫ 46

r'fa·ay·nu Adonai v'nay·ra·fay ho·shi·ay·nu v'ni·va·shay·ah
רְפָאֵנוּ יְיָ וְנֵרָפֵא, הוֹשִׁיעֵנוּ וְנִוָּשֵׁעָה,

ki t'hee·la·tay·nu A·ta
כִּי תְהִלָּתֵנוּ אָתָּה.

v'ha·ah·lay a·ru·cha oor·fu·ah sh'lay·ma l'chol ma·ko·tay·nu
וְהַעֲלֵה אֲרוּכָה וּרְפוּאָה שְׁלֵמָה לְכָל מַכּוֹתֵינוּ,

ki Ayl Meh·lech ro·fay ne·eh·mahn v'ra·cha·mahn A·ta
כִּי אֵל מֶלֶךְ רוֹפֵא נֶאֱמָן וְרַחֲמָן אָתָּה.

Ba·ruch A·ta Adonai ro·fay cho·lay a·mo Yisrael
בָּרוּךְ אַתָּה יְיָ, רוֹפֵא חוֹלֵי עַמּוֹ יִשְׂרָאֵל.

רְפָאֵנוּ	וּרְפוּאָה שְׁלֵמָה
heal us	complete healing

9. בִּרְכַּת הַשָּׁנִים BLESSING FOR THE YEAR: Hashem, bless us with all our material needs.

ba·raych a·lay·nu Adonai Elohaynu et ha·sha·na ha·zot

1 בָּרֵךְ עָלֵינוּ יְיָ אֱלֹהֵינוּ, אֶת הַשָּׁנָה הַזֹּאת, ♫ 47

v'ait kol mi·nay t'vu·ah·tah l'toh·va

2 וְאֶת כָּל מִינֵי תְבוּאָתָהּ לְטוֹבָה,

v'tayn b'ra·cha *Summer →* v'tayn tal u·ma·tar leev·ra·cha

3 וְתֵן בְּרָכָה *← Winter* וְתֵן טַל וּמָטָר לִבְרָכָה

al p'nay ha·ah·da·ma v'sa·b'ay·nu mi·tu·veh·cha

4 עַל פְּנֵי הָאֲדָמָה, וְשַׂבְּ*עֵנוּ מִטוּבֶךָ,

u·va·raych sh'na·tay·nu ka·sha·neem ha·toh·voht leev·ra·cha

5 וּבָרֵךְ שְׁנָתֵנוּ כַּשָּׁנִים הַטּוֹבוֹת לִבְרָכָה,

ki Ayl tov u·may·teev A·ta oom·va·raych ha·sha·neem

6 כִּי אֵל טוֹב וּמֵטִיב אַתָּה, וּמְבָרֵךְ הַשָּׁנִים.

Ba·ruch A·ta Adonai m'va·raych ha·sha·neem

7 בָּרוּךְ אַתָּה יְיָ, מְבָרֵךְ הַשָּׁנִים.

בָּרֵךְ	טַל	וּמָטָר	הָאֲדָמָה
bless	dew	rain	the earth

10. קִבּוּץ גָּלֻיּוֹת INGATHERING OF THE EXILES: Hashem, blow the blast of freedom, gather our exiles from all over the world, and bring us back to our Holy Land.

1. תְּקַע בְּשׁוֹפָר גָּדוֹל לְחֵרוּתֵנוּ,
   t'ka   b'sho·far   ga·dol   l'chay·ru·tay·nu

2. וְשָׂא נֵס לְקַבֵּץ גָּלֻיּוֹתֵינוּ,
   v'sa   nays   l'ka·baytz   ga·lu·yo·tay·nu

3. וְקַבְּצֵנוּ יַחַד מֵאַרְבַּע כַּנְפוֹת הָאָרֶץ לְאַרְצֵנוּ.
   v'ka·b'tzay·nu   ya·chad   may·ar·ba   kan·foht   ha·ah·retz   l'ar·tzay·nu

4. בָּרוּךְ אַתָּה יְיָ, מְקַבֵּץ נִדְחֵי עַמּוֹ יִשְׂרָאֵל.
   Ba·ruch   A·ta   Adonai   m'ka·baytz   need·chay   a·mo   Yisrael

תְּקַע	בְּשׁוֹפָר	לְקַבֵּץ	גָּלֻיּוֹתֵינוּ	לְאַרְצֵנוּ
blow	horn	gather	our exiles	to our land

11. מִשְׁפָּט JUSTICE: Hashem, restore our spiritual leaders and let true justice rule.

5. הָשִׁיבָה שׁוֹפְטֵינוּ כְּבָרִאשׁוֹנָה, וְיוֹעֲצֵינוּ כְּבַתְּחִלָּה,
   ha·shi·va   sho·f'tay·nu   k'va·ri·sho·na   v'yo·ah·tzay·nu   k'va·t'chi·la

6. וְהָסֵר מִמֶּנּוּ יָגוֹן וַאֲנָחָה,
   v'ha·sayr   mi·meh·nu   ya·gon   va·ah·na·cha

7. וּמְלוֹךְ עָלֵינוּ אַתָּה יְיָ לְבַדְּךָ,
   oom·loch   a·lay·nu   A·ta   Adonai   l'va·d'cha

8. בְּחֶסֶד וּבְרַחֲמִים, בְּצֶדֶק וּבְמִשְׁפָּט.
   b'che·sed   oov·ra·cha·meem   b'tzeh·dek   oov·meesh·paht

9. בָּרוּךְ אַתָּה יְיָ, מֶלֶךְ אוֹהֵב צְדָקָה וּמִשְׁפָּט.
   Ba·ruch   A·ta   Adonai   Meh·lech   o·hayv   tz'da·ka   u·meesh·paht

During the *Aseret Y'mei Teshuva*, we end with: "ha·Meh·lech ha·meesh·paht" – הַמֶּלֶךְ הַמִּשְׁפָּט

הָשִׁיבָה	שׁוֹפְטֵינוּ
return	our judges

12. מִינִים HERETICS: Hashem, let there be no hope for the slanderers and heretics, and may all our enemies' plans fail.

♫ 50

וְלַמַּלְשִׁינִים אַל תְּהִי תִקְוָה,
v'la·mal·shi·neem al t'hee teek·va

וְכָל הַמִּינִים וְכָל הַזֵּדִים, כְּרֶגַע יֹאבֵדוּ,
v'chol ha·mi·neem v'chol ha·zay·deem k'reh·ga yo·vay·du

וְכָל אוֹיְבֵי עַמְּךָ מְהֵרָה יִכָּרֵתוּ,
v'chol o·y'vay a·m'cha m'hay·ra yi·ka·ray·tu

וּמַלְכוּת הָרִשְׁעָה מְהֵרָה תְעַקֵּר, וּתְשַׁבֵּר, וּתְמַגֵּר,
u·mal·choot ha·reesh·ah m'hay·ra t'a·kayr oot·sha·bayr oot·ma·gayr

וְתַכְנִיעַ בִּמְהֵרָה בְיָמֵינוּ.
v'tach·ni·ah beem·hay·ra v'ya·may·nu

בָּרוּךְ אַתָּה יְיָ, שֹׁבֵר אֹיְבִים, וּמַכְנִיעַ זֵדִים.
Ba·ruch A·ta Adonai sho·vayr o·y'veem u·mach·ni·ah zay·deem

וְלַמַּלְשִׁינִים	יֹאבֵדוּ	אוֹיְבֵי עַמְּךָ	יִכָּרֵתוּ
informers	be destroyed	Your nation's enemies	be cut off

13. צַדִּיקִים RIGHTEOUS: Hashem, show mercy to the righteous, and reward those who trust in You.

♫ 51

al · ha·tza·dee·keem · v'al · ha·cha·si·deem
עַל הַצַּדִּיקִים וְעַל הַחֲסִידִים,

v'al · zeek·nay · a·m'cha · bayt · Yisrael
וְעַל זִקְנֵי עַמְּ*ךָ בֵּית יִשְׂרָאֵל,

v'al · p'lay·taht · bayt · so·f'ray·hem
וְעַל פְּלֵיטַת בֵּית סוֹפְ*רֵיהֶם,

v'al · gay·ray · ha·tzeh·dek · v'a·lay·nu
וְעַל גֵּרֵי הַצֶּדֶק, וְעָלֵינוּ,

yeh·heh·mu · na · ra·cha·meh·cha · Adonai · Elohaynu
יֶהֱמוּ נָא רַחֲמֶיךָ, יְיָ אֱלֹהֵינוּ,

v'tayn · sa·char · tov · l'chol · ha·bo·t'cheem · b'Sheem·cha · beh·eh·met
וְתֵן שָׂכָר טוֹב, לְכָל הַבּוֹטְ*חִים בְּשִׁמְךָ בֶּאֱמֶת,

v'seem · chel·kay·nu · ee·ma·hem
וְשִׂים חֶלְקֵנוּ עִמָּהֶם,

ool·o·lahm · lo · nay·vosh · ki · v'cha · ba·tach·nu
וּלְעוֹלָם לֹא נֵבוֹשׁ, כִּי בְךָ בָּטָחְנוּ.

Ba·ruch · A·ta · Adonai · meesh·ahn · u·meev·tach · la·tza·dee·keem
בָּרוּךְ אַתָּה יְיָ, מִשְׁעָן וּמִבְטָח לַצַּדִּיקִים.

הַצַּדִּיקִים	הַחֲסִידִים	רַחֲמֶיךָ	שָׂכָר	הַבּוֹטְחִים
righteous	pious	Your mercy	reward	those who trust

My Siddur | Shacharit: Amida/Sh'moneh Esrei 58

14. יְרוּשָׁלַיִם JERUSALEM: Hashem, return to Jerusalem and rebuild the Beit Hamikdash.

1. וְלִירוּשָׁלַיִם עִירְךָ בְּרַחֲמִים תָּשׁוּב,
   v'li·ru·sha·la·yeem ee·r'cha b'ra·cha·meem ta·shuv

2. וְתִשְׁכּוֹן בְּתוֹכָהּ כַּאֲשֶׁר דִּבַּרְתָּ,
   v'teesh·kohn b'toh·chah ka·ah·sher dee·bar·ta

3. וְכִסֵּא דָוִד עַבְדְּךָ מְהֵרָה בְּתוֹכָהּ תָּכִין,
   v'chi·say Da·veed av·d'cha m'hay·ra b'toh·chah ta·cheen

4. וּבְנֵה אוֹתָהּ בְּקָרוֹב בְּיָמֵינוּ בִּנְיַן עוֹלָם.
   oov·nay o·tah b'ka·rov b'ya·may·nu been·yahn o·lahm

5. בָּרוּךְ אַתָּה יְיָ, בּוֹנֵה יְרוּשָׁלָיִם.
   Ba·ruch A·ta Adonai bo·nay Y'ru·sha·la·yeem

בּוֹנֵה יְרוּשָׁלַיִם
Builder of Jerusalem

15. מָשִׁיחַ MOSHIACH: Hashem, bring Moshiach because we await him all day!

6. אֶת צֶמַח דָּוִד עַבְדְּךָ מְהֵרָה תַצְמִיחַ,
   et tzeh·mach Da·veed av·d'cha m'hay·ra tatz·mi·ach

7. וְקַרְנוֹ תָּרוּם בִּישׁוּעָתֶךָ,
   v'kar·no ta·room bee·shu·ah·teh·cha

8. כִּי לִישׁוּעָתְךָ קִוִּינוּ כָּל הַיּוֹם.
   ki li·shu·ah·t'cha ki·vi·nu kol ha·yohm

9. בָּרוּךְ אַתָּה יְיָ, מַצְמִיחַ קֶרֶן יְשׁוּעָה.
   Ba·ruch A·ta Adonai matz·mi·ach ke·ren y'shu·ah

לִישׁוּעָתְךָ   קִוִּינוּ
for Your salvation   we hope

16. שׁוֹמֵעַ תְּפִלָּה ACCEPTANCE: Hashem, please listen to and accept all our prayers!

♫ 54

a·lay·nu ra·chaym ha·Ra·cha·mahn Av Elohaynu Adonai ko·lay·nu sh'ma
1 שְׁמַע קוֹלֵנוּ יְיָ אֱלֹהֵינוּ, אָב הָרַחֲמָן, רַחֵם עָלֵינוּ,

t'fee·la·tay·nu et oov·ra·tzon b'ra·cha·meem v'ka·bayl
2 וְקַבֵּל בְּרַחֲמִים וּבְרָצוֹן אֶת תְּפִלָּתֵנוּ,

A·ta v'ta·cha·nu·neem t'fee·loht sho·may·ah Ayl ki
3 כִּי אֵל שׁוֹמֵעַ תְּפִלּוֹת וְתַחֲנוּנִים אָתָּה,

t'shi·vay·nu al ray·kam Mal·kay·nu u·mi·l'fa·ne·cha
4 וּמִלְּפָנֶיךָ*, מַלְכֵּנוּ, רֵיקָם אַל תְּשִׁיבֵנוּ.

peh kol t'fee·laht sho·may·ah A·ta ki
5 כִּי אַתָּה שׁוֹמֵעַ תְּפִלַּת כָּל פֶּה.

t'fee·la sho·may·ah Adonai A·ta Ba·ruch
6 בָּרוּךְ אַתָּה יְיָ, שׁוֹמֵעַ תְּפִלָּה.

17. עֲבוֹדָה SERVICE: Hashem, be pleased with our prayers and service.

♫ 55

sh'ay v'leet·fee·la·tahm Yisrael b'a·m'cha Elohaynu Adonai r'tzay
7 רְצֵה יְיָ אֱלֹהֵינוּ בְּעַמְּךָ* יִשְׂרָאֵל, וְלִתְפִלָּתָם שְׁעֵה,

bay·teh·cha leed·veer ha·ah·vo·da v'ha·shayv
8 וְהָשֵׁב הָעֲבוֹדָה לִדְבִיר בֵּיתֶךָ,

b'ra·tzon t'ka·bayl b'a·ha·va oot·fee·la·tahm Yisrael v'ee·shay
9 וְאִשֵּׁי יִשְׂרָאֵל, וּתְפִלָּתָם, בְּאַהֲבָה תְקַבֵּל בְּרָצוֹן,

a·meh·cha Yisrael a·vo·daht ta·meed l'ra·tzon oot·hee
10 וּתְהִי לְרָצוֹן תָּמִיד, עֲבוֹדַת יִשְׂרָאֵל עַמֶּךָ.

On *Rosh Chodesh* and *Chol Hamoed*, flip to page 83 for *Ya'ale V'yavo*.

♫ 56

b'ra·cha·meem l'tzi·yohn b'shu·v'cha ay·nay·nu v'teh·che·zeh·na
11 וְתֶחֱזֶינָה עֵינֵינוּ בְּשׁוּבְךָ* לְצִיּוֹן בְּרַחֲמִים.

l'tzi·yohn Sh'chi·na·toh ha·ma·cha·zeer Adonai A·ta Ba·ruch
12 בָּרוּךְ אַתָּה יְיָ, הַמַּחֲזִיר שְׁכִינָתוֹ לְצִיּוֹן.

שְׁכִינָתוֹ	הָעֲבוֹדָה	וְהָשֵׁב	תְּפִלַּת כָּל פֶּה	אַתָּה שׁוֹמֵעַ	שְׁמַע קוֹלֵנוּ
Hashem's presence	service	return	prayers of every mouth	You hear	listen to our voice

18. הוֹדָאָה Gratitude: Hashem, thank You for Your daily wonders, miracles and mercy.

We bow at "*Modeem*" and straighten up for "*A-donai*".

mo·deem a·nach·nu lach
מוֹדִים אֲנַחְנוּ לָךְ,

sha·A·ta Hu Adonai Elohaynu vAylohay a·vo·tay·nu l'o·lahm va·ed
שָׁאַתָּה הוּא יְיָ אֱלֹהֵינוּ וֵאלֹהֵי אֲבוֹתֵינוּ לְעוֹלָם וָעֶד.

tzur cha·yay·nu ma·gayn yeesh·ay·nu A·ta Hu l'dor va·dor
צוּר חַיֵּינוּ, מָגֵן יִשְׁעֵנוּ, אַתָּה הוּא לְדוֹר וָדוֹר,

no·deh l'cha oon·sa·payr t'hee·la·teh·cha
נוֹדֶה לְּךָ, וּנְסַפֵּר תְּהִלָּתֶךָ,

al cha·yay·nu ha·m'su·reem b'ya·deh·cha
עַל חַיֵּינוּ הַמְּסוּרִים בְּיָדֶךָ,

v'al neesh·mo·tay·nu ha·p'ku·doht lach
וְעַל נִשְׁמוֹתֵינוּ הַפְּקוּדוֹת לָךְ,

v'al ni·seh·cha sheh·b'chol yohm ee·ma·nu
וְעַל נִסֶּיךָ שֶׁבְּכָל יוֹם עִמָּנוּ,

v'al neef·l'o·teh·cha v'toh·vo·teh·cha sheh·b'chol ait
וְעַל נִפְלְאוֹתֶיךָ וְטוֹבוֹתֶיךָ שֶׁבְּכָל עֵת,

eh·rev va·vo·kehr v'tza·hoh·ra·yeem
עֶרֶב, וָבֹקֶר, וְצָהֳרָיִם.

ha·tov ki lo cha·lu ra·cha·meh·cha
הַטּוֹב, כִּי לֹא כָלוּ רַחֲמֶיךָ,

ha·m'ra·chaym ki lo ta·mu cha·sa·deh·cha
הַמְרַחֵם, כִּי לֹא תַמּוּ חֲסָדֶיךָ,

ki may·o·lahm ki·vi·nu lach
כִּי מֵעוֹלָם קִוִּינוּ לָךְ.

On Chanuka and Purim, we add "*V'Al Hanisim*" (page 85) here.

מוֹדִים	צוּר	נִסֶּיךָ	עֶרֶב	וָבֹקֶר	וְצָהֳרָיִם	רַחֲמֶיךָ
thanks	rock/strength	Your miracles	evening	morning	afternoon	Your mercy

18. הוֹדָאָה GRATITUDE: continued...

1. וְעַל כֻּלָּם,
   v'al ku·lahm

2. יִתְבָּרֵךְ, וְיִתְרוֹמָם, וְיִתְנַשֵּׂא, שִׁמְךָ מַלְכֵּנוּ,
   yeet·ba·raych v'yeet·ro·mam v'yeet·na·say Sheem·cha Mal·kay·nu

3. תָּמִיד לְעוֹלָם וָעֶד.
   ta·meed l'o·lahm va·ed

During the *Aseret Y'mei Teshuva* we add:

4. וּכְתוֹב לְחַיִּים טוֹבִים, כָּל בְּנֵי בְרִיתֶךָ.
   ooch·tov l'cha·yeem toh·veem kol b'nay v'ri·teh·cha

5. וְכֹל הַחַיִּים יוֹדוּךָ סֶּלָה,
   v'chol ha·cha·yeem yo·du·cha seh·la

6. וִיהַלְלוּ שִׁמְךָ הַגָּדוֹל לְעוֹלָם, כִּי טוֹב,
   vi·hal'lu Sheem·cha ha·ga·dol l'o·lahm ki tov

7. הָאֵל יְשׁוּעָתֵנוּ וְעֶזְרָתֵנוּ סֶלָה, הָאֵל הַטּוֹב.
   ha·Ayl y'shu·ah·tay·nu v'ez·ra·tay·nu seh·la ha·Ayl ha·tov

8. בָּרוּךְ אַתָּה יְיָ,
   Ba·ruch A·ta Adonai

9. הַטּוֹב שִׁמְךָ, וּלְךָ נָאֶה לְהוֹדוֹת.
   ha·tov Sheem·cha ool·cha na·eh l'ho·doht

וְכָל הַחַיִּים — all living things
יוֹדוּךָ סֶּלָה — thank You forever

19. שָׁלוֹם PEACE: Hashem, our Father, grant peace and all good blessings to Your children, for we are united.

♫ 59

seem · shalom · toh·va · oov·ra·cha

שִׂים שָׁלוֹם, טוֹבָה, וּבְרָכָה,

cha·yeem · chayn · va·che·sed · v'ra·cha·meem

חַיִּים, חֵן, וָחֶסֶד, וְרַחֲמִים,

a·lay·nu · v'al · kol · Yisrael · a·meh·cha

עָלֵינוּ, וְעַל כָּל יִשְׂרָאֵל עַמֶּךָ,

ba·r'chay·nu · A·vi·nu · ku·la·nu · k'eh·chad · b'or · pa·ne·cha

בָּרְכֵנוּ אָבִינוּ, כֻּלָּנוּ כְּאֶחָד, בְּאוֹר פָּנֶיךָ.

ki · v'or · pa·ne·cha · na·ta·ta · la·nu · Adonai · Elohaynu

כִּי בְאוֹר פָּנֶיךָ, נָתַתָּ לָּנוּ יְיָ אֱלֹהֵינוּ,

toh·raht · cha·yeem · v'a·ha·vaht · che·sed

תּוֹרַת חַיִּים, וְאַהֲבַת חֶסֶד,

ootz·da·ka · oov·ra·cha · v'ra·cha·meem · v'cha·yeem · v'shalom

וּצְדָקָה, וּבְרָכָה, וְרַחֲמִים, וְחַיִּים, וְשָׁלוֹם,

v'tov · b'ay·ne·cha · l'va·raych · et · a·m'cha · Yisrael

וְטוֹב בְּעֵינֶיךָ לְבָרֵךְ אֶת עַמְּךָ יִשְׂרָאֵל,

b'chol · ait · oov·chol · sha·ah · beesh·lo·meh·cha

בְּכָל עֵת, וּבְכָל שָׁעָה, בִּשְׁלוֹמֶךָ.

During the *Aseret Y'mei Teshuva* we add *"Uv'seifer"* (page 64).

Ba·ruch · A·ta · Adonai · ha·m'va·raych · et · a·mo · Yisrael · ba·shalom

בָּרוּךְ אַתָּה יְיָ, הַמְבָרֵךְ אֶת עַמּוֹ יִשְׂרָאֵל בַּשָּׁלוֹם.

שָׁלוֹם	בָּרְכֵנוּ	כְּאֶחָד	בְּכָל עֵת
peace	bless us	as one	at all times

END OF AMIDA

♫ 60

yeeh·yu l'ra·tzon eem·ray fee v'heg·yohn li·bee l'fa·ne·cha Adonai tzu·ri v'go·ah·li

1 יִהְיוּ לְרָצוֹן אִמְרֵי פִי, וְהֶגְיוֹן לִבִּי לְפָנֶיךָ, יְיָ צוּרִי וְגוֹאֲלִי.

♫ 61

Elohai n'tzor l'sho·ni may·ra oos·fa·tai mi·da·bayr meer·ma

2 אֱלֹהַי, נְצוֹר לְשׁוֹנִי מֵרָע, וּשְׂפָתַי מִדַּבֵּר מִרְמָה,

v'leem·ka·l'lai naf·shi ti·dohm v'naf·shi ke·ah·far la·kol teeh·yeh

3 וְלִמְקַלְלַי נַפְשִׁי תִדּוֹם, וְנַפְשִׁי כֶּעָפָר לַכֹּל תִּהְיֶה,

p'tach li·bee b'Torah·teh·cha oov·meetz·vo·teh·cha teer·dohf naf·shi

4 פְּתַח לִבִּי בְּתוֹרָתֶךָ, וּבְמִצְוֹתֶיךָ תִּרְדּוֹף נַפְשִׁי.

v'chol ha·cho·sh'veem ah·lai ra·ah

5 וְכָל הַחוֹשְׁבִים עָלַי רָעָה,

m'hay·ra ha·fayr a·tza·tahm v'kal·kayl ma·cha·shav·tahm

6 מְהֵרָה הָפֵר עֲצָתָם, וְקַלְקֵל מַחֲשַׁבְתָּם.

yeeh·yu k'motz leef·nay ru·ach u·mal·ach Adonai doh·cheh

7 יִהְיוּ כְּמֹץ לִפְנֵי רוּחַ, וּמַלְאַךְ יְיָ דֹּחֶה.

l'ma·ahn yay·cha·l'tzun y'dee·deh·cha ho·shi·ah y'mi·n'cha va·ah·nay·ni

8 לְמַעַן יֵחָלְצוּן יְדִידֶיךָ, הוֹשִׁיעָה יְמִינְךָ, וַעֲנֵנִי.

ah·say l'ma·ahn Sh'meh·cha ah·say l'ma·ahn y'mi·ne·cha

9 עֲשֵׂה לְמַעַן שְׁמֶךָ, עֲשֵׂה לְמַעַן יְמִינֶךָ,

ah·say l'ma·ahn Torah·teh·cha ah·say l'ma·ahn k'du·sha·teh·cha

10 עֲשֵׂה לְמַעַן תּוֹרָתֶךָ, עֲשֵׂה לְמַעַן קְדֻשָּׁתֶךָ.

yeeh·yu l'ra·tzon eem·ray fee v'heg·yohn li·bee l'fa·ne·cha Adonai tzu·ri v'go·ah·li

11 יִהְיוּ לְרָצוֹן אִמְרֵי פִי, וְהֶגְיוֹן לִבִּי לְפָנֶיךָ, יְיָ צוּרִי וְגוֹאֲלִי.

יִהְיוּ לְרָצוֹן אִמְרֵי פִי	נְצוֹר לְשׁוֹנִי מֵרָע	פְּתַח לִבִּי בְּתוֹרָתֶךָ
may my prayers be desired/accepted	stop my mouth from speaking evil	open my heart to Your Torah

My Siddur | Shacharit: Amida/Sh'moneh Esrei 64

Bring Peace עֹשֶׂה שָׁלוֹם

We take three steps back, then bow to the left while saying עֹשֶׂה הַשָּׁלוֹם בִּמְרוֹמָיו; then bow forward while saying הוּא; to the right while saying יַעֲשֶׂה שָׁלוֹם עָלֵינוּ, and forward again while saying וְעַל כָּל יִשְׂרָאֵל וְאִמְרוּ אָמֵן.

During the *Aseret Y'mei Teshuva* we add "ha-הַ."

♫ 62

a·lay·nu shalom ya·ah·seh Hu beem·ro·mav ha·shalom o·seh

1 עֹשֶׂה הַשָּׁלוֹם בִּמְרוֹמָיו, הוּא יַעֲשֶׂה שָׁלוֹם עָלֵינוּ,

a·mayn v'eem·ru Yisrael kol v'al

2 וְעַל כָּל יִשְׂרָאֵל, וְאִמְרוּ אָמֵן.

a·vo·tay·nu vAylohay Elohaynu Adonai mi·l'fa·ne·cha ra·tzon y'hee

3 יְהִי רָצוֹן מִלְּפָנֶיךָ, יְיָ אֱלֹהֵינוּ וֵאלֹהֵי אֲבוֹתֵינוּ,

v'ya·may·nu beem·hay·ra ha·meek·dahsh bayt sheh·yi·ba·neh

4 שֶׁיִּבָּנֶה בֵּית הַמִּקְדָּשׁ בִּמְהֵרָה בְיָמֵינוּ,

b'Torah·teh·cha chel·kay·nu v'tayn

5 וְתֵן חֶלְקֵנוּ בְּתוֹרָתֶךָ.

This ends the *Amida*.

On *Rosh Chodesh* and some holidays we say *Hallel*.
When with a *minyan*, the *Chazzan* recites Half *Kaddish* and the Torah is read on certain days.

During the *Aseret Y'mei Teshuva* we add this at the end of "*Seem Shalom.*"

v'ne·cha·ma y'shu·ah toh·va u·far·na·sa v'shalom b'ra·cha cha·yeem oov·say·fehr

6 וּבְסֵפֶר חַיִּים, בְּרָכָה וְשָׁלוֹם, וּפַרְנָסָה טוֹבָה, יְשׁוּעָה וְנֶחָמָה,

l'fa·ne·cha v'ni·ka·tayv ni·za·chayr toh·voht oog·zay·roht

7 וּגְזֵרוֹת טוֹבוֹת, נִזָּכֵר וְנִכָּתֵב לְפָנֶיךָ,

ool·shalom toh·veem l'cha·yeem Yisrael bayt a·m'cha v'chol a·nach·nu

8 אֲנַחְנוּ, וְכָל עַמְּךָ בֵּית יִשְׂרָאֵל, לְחַיִּים טוֹבִים וּלְשָׁלוֹם.

שֶׁיִּבָּנֶה בֵּית הַמִּקְדָּשׁ
the Holy Temple should be rebuilt

Lam'natzeiach

Psalm 20
A powerful prayer to heal the sick.

1. לַמְנַצֵּחַ מִזְמוֹר לְדָוִד.
   lam·na·tzay·ach   meez·mor   l'Da·veed

2. יַעַנְךָ יְיָ בְּיוֹם צָרָה, יְשַׂגֶּבְךָ שֵׁם אֱלֹהֵי יַעֲקֹב.
   ya·ahn·cha   Adonai   b'yohm   tza·ra   y'sa·gev·cha   shaym   Elohay   Ya·ah·kov

3. יִשְׁלַח עֶזְרְךָ מִקֹּדֶשׁ, וּמִצִּיּוֹן יִסְעָדֶךָּ.
   yeesh·lach   ez·r'cha   mi·ko·desh   u·mi·tzi·yon   yees·ah·deh·ka

4. יִזְכֹּר כָּל מִנְחֹתֶיךָ, וְעוֹלָתְךָ יְדַשְּׁנֶה סֶלָה.
   yeez·kor   kol   meen·cho·teh·cha   v'o·la·t'cha   y'da·sh'neh   seh·la

5. יִתֶּן לְךָ כִלְבָבֶךָ, וְכָל עֲצָתְךָ יְמַלֵּא.
   yi·ten   l'cha   cheel·va·veh·cha   v'chol   a·tza·t'cha   y'ma·lay

6. נְרַנְּנָה בִּישׁוּעָתֶךָ, וּבְשֵׁם אֱלֹהֵינוּ נִדְגֹּל,
   n'ra·n'na   bee·shu·ah·teh·cha   oov·shaym   Elohaynu   need·gol

7. יְמַלֵּא יְיָ כָּל מִשְׁאֲלוֹתֶיךָ.
   y'ma·lay   Adonai   kol   meesh·ah·lo·teh·cha

8. עַתָּה יָדַעְתִּי, כִּי הוֹשִׁיעַ יְיָ מְשִׁיחוֹ,
   a·ta   ya·da·ti   ki   ho·shi·ah   Adonai   m'shi·cho

9. יַעֲנֵהוּ מִשְּׁמֵי קָדְשׁוֹ, בִּגְבוּרוֹת יֵשַׁע יְמִינוֹ.
   ya·ah·nay·hu   mi·sh'may   kod·sho   beeg·vu·roht   yay·sha   y'mi·no

10. אֵלֶּה בָרֶכֶב, וְאֵלֶּה בַסּוּסִים,
    ay·leh   va·reh·chev   v'ay·leh   va·su·seem

11. וַאֲנַחְנוּ בְּשֵׁם יְיָ אֱלֹהֵינוּ נַזְכִּיר.
    va·ah·nach·nu   b'shaym   Adonai   Elohaynu   naz·keer

12. הֵמָּה כָּרְעוּ וְנָפָלוּ, וַאֲנַחְנוּ קַמְנוּ וַנִּתְעוֹדָד.
    hay·ma   ka·r'u   v'na·fa·lu   va·ah·nach·nu   kam·nu   va·neet·o·dahd

13. יְיָ הוֹשִׁיעָה, הַמֶּלֶךְ יַעֲנֵנוּ בְיוֹם קָרְאֵנוּ.
    Adonai   ho·shi·ah   ha·Meh·lech   ya·ah·nay·nu   v'yohm   kor·ay·nu

---

יְמַלֵּא ה' כָּל מִשְׁאֲלוֹתֶיךָ — Hashem will fulfill all your requests
אֵלֶּה בָרֶכֶב וְאֵלֶּה בַסּוּסִים — they trust in horses and chariots
וַאֲנַחְנוּ בְּשֵׁם ה' אֱ-לֹקֵינוּ — but we trust in Hashem our G-d

When praying with a *minyan*, the *Chazzan* recites *Kaddish* (page 76).

My Siddur | Shacharit: Concluding Prayers 66

SHIR SHEL YOM

Song of the Day, sung by the Levi'im in the Holy Temple.

SUNDAY

ha·yohm yohm ri·shon ba·Shabbat
הַיּוֹם, יוֹם רִאשׁוֹן בַּשַּׁבָּת,

sheh·bo ha·yu hal·vi·yeem o·m'reem b'vayt ha·meek·dahsh
שֶׁבּוֹ הָיוּ הַלְוִיִּם אוֹמְרִים בְּבֵית הַמִּקְדָּשׁ:

l'Da·veed meez·mor lAdonai ha·ah·retz oom·lo·ah tay·vayl v'yo·sh'vay vah
לְדָוִד מִזְמוֹר, לַייָ הָאָרֶץ וּמְלוֹאָהּ, תֵּבֵל וְיֹשְׁבֵי בָהּ...

MONDAY

ha·yohm yohm shay·ni ba·Shabbat
הַיּוֹם, יוֹם שֵׁנִי בַּשַּׁבָּת,

sheh·bo ha·yu hal·vi·yeem o·m'reem b'vayt ha·meek·dahsh
שֶׁבּוֹ הָיוּ הַלְוִיִּם אוֹמְרִים בְּבֵית הַמִּקְדָּשׁ:

sheer meez·mor leev·nay Ko·rach ga·dol Adonai oom·hu·lal m'ohd
שִׁיר מִזְמוֹר לִבְנֵי קֹרַח. גָּדוֹל יְיָ וּמְהֻלָּל מְאֹד,

b'eer Elohaynu har kod·sho
בְּעִיר אֱלֹהֵינוּ הַר קָדְשׁוֹ...

TUESDAY

ha·yohm yohm sh'li·shi ba·Shabbat
הַיּוֹם, יוֹם שְׁלִישִׁי בַּשַּׁבָּת,

sheh·bo ha·yu hal·vi·yeem o·m'reem b'vayt ha·meek·dahsh
שֶׁבּוֹ הָיוּ הַלְוִיִּם אוֹמְרִים בְּבֵית הַמִּקְדָּשׁ:

meez·mor l'A·saf Eloheem ni·tzav ba·ah·daht Ayl b'ke·rev Eloheem yeesh·poht
מִזְמוֹר לְאָסָף, אֱלֹהִים נִצָּב בַּעֲדַת אֵל, בְּקֶרֶב אֱלֹהִים יִשְׁפֹּט...

יוֹם רִאשׁוֹן	יוֹם שֵׁנִי	יוֹם שְׁלִישִׁי
Sunday	Monday	Tuesday

Wednesday

ha·yohm yohm r'vi·ee ba·Shabbat
1 הַיּוֹם, יוֹם רְבִיעִי בַּשַּׁבָּת,

sheh·bo ha·yu hal·vi·yeem o·m'reem b'vayt ha·meek·dahsh
2 שֶׁבּוֹ הָיוּ הַלְוִיִּם אוֹמְרִים בְּבֵית הַמִּקְדָּשׁ:

Ayl n'ka·moht Adonai Ayl n'ka·moht ho·fee·ah
3 אֵל נְקָמוֹת יְיָ, אֵל נְקָמוֹת הוֹפִיעַ...

Thursday

ha·yohm yohm cha·mi·shi ba·Shabbat
4 הַיּוֹם, יוֹם חֲמִישִׁי בַּשַּׁבָּת,

sheh·bo ha·yu hal·vi·yeem o·m'reem b'vayt ha·meek·dahsh
5 שֶׁבּוֹ הָיוּ הַלְוִיִּם אוֹמְרִים בְּבֵית הַמִּקְדָּשׁ:

lam·na·tzay·ach al ha·gi·teet l'A·saf
6 לַמְנַצֵּחַ עַל הַגִּתִּית לְאָסָף.

har·ni·nu lAyloheem u·zay·nu ha·ri·u lAylohay Ya·ah·kov
7 הַרְנִינוּ לֵאלֹהִים עוּזֵּנוּ, הָרִיעוּ לֵאלֹהֵי יַעֲקֹב...

Friday

ha·yohm yohm shi·shi ba·Shabbat
8 הַיּוֹם, יוֹם שִׁשִּׁי בַּשַּׁבָּת,

sheh·bo ha·yu hal·vi·yeem o·m'reem b'vayt ha·meek·dahsh
9 שֶׁבּוֹ הָיוּ הַלְוִיִּם אוֹמְרִים בְּבֵית הַמִּקְדָּשׁ:

Adonai ma·lach gay·oot la·vaysh la·vaysh Adonai ohz heet·ah·zar
10 יְיָ מָלָךְ גֵּאוּת לָבֵשׁ, לָבֵשׁ יְיָ, עֹז הִתְאַזָּר,

ahf ti·kohn tay·vayl bal ti·moht
11 אַף תִּכּוֹן תֵּבֵל בַּל תִּמּוֹט...

From *Rosh Chodesh Elul* through *Hoshaana Rabba*, we say *"L'David Hashem Ori"* (page 84).

יוֹם רְבִיעִי	יוֹם חֲמִישִׁי	יוֹם שִׁשִּׁי
Wednesday	Thursday	Friday

My Siddur | Shacharit: Concluding Prayers 68

EIN kELOKEINU — There is none like our G-d!

1. אֵין כֵּאלֹהֵינוּ, אֵין כַּאדוֹנֵינוּ,
   ayn kAylohaynu, ayn kAdonaynu,

2. אֵין כְּמַלְכֵּנוּ, אֵין כְּמוֹשִׁיעֵנוּ.
   ayn k'Mal·kay·nu, ayn k'Mo·shi·ay·nu.

3. מִי כֵאלֹהֵינוּ, מִי כַאדוֹנֵינוּ,
   mi chAylohaynu, mi chAdonaynu,

4. מִי כְמַלְכֵּנוּ, מִי כְמוֹשִׁיעֵנוּ.
   mi ch'Mal·kay·nu, mi ch'Mo·shi·ay·nu.

5. נוֹדֶה לֵאלֹהֵינוּ, נוֹדֶה לַאדוֹנֵינוּ,
   no·deh lAylohaynu, no·deh lAdonaynu,

6. נוֹדֶה לְמַלְכֵּנוּ, נוֹדֶה לְמוֹשִׁיעֵנוּ.
   no·deh l'Mal·kay·nu, no·deh l'Mo·shi·ay·nu.

7. בָּרוּךְ אֱלֹהֵינוּ, בָּרוּךְ אֲדוֹנֵינוּ,
   Ba·ruch Elohaynu, Ba·ruch Adonaynu,

8. בָּרוּךְ מַלְכֵּנוּ, בָּרוּךְ מוֹשִׁיעֵנוּ.
   Ba·ruch Mal·kay·nu, Ba·ruch Mo·shi·ay·nu.

9. אַתָּה הוּא אֱלֹהֵינוּ, אַתָּה הוּא אֲדוֹנֵינוּ,
   A·ta Hu Elohaynu, A·ta Hu Adonaynu,

10. אַתָּה הוּא מַלְכֵּנוּ, אַתָּה הוּא מוֹשִׁיעֵנוּ.
    A·ta Hu Mal·kay·nu, A·ta Hu Mo·shi·ay·nu.

אֵין	כֵּא-לֹקֵינוּ	כַּאדוֹנֵינוּ	כְּמַלְכֵּנוּ	כְּמוֹשִׁיעֵנוּ
there is none	like our G-d	like our Master	like our King	like our Savior

tzi·yohn t'ra·chaym ta·koom A·ta toh·shi·ay·nu A·ta
1 אַתָּה תוֹשִׁיעֵנוּ, אַתָּה תָקוּם תְּרַחֵם צִיּוֹן,

mo·ayd va ki l'che·n'nah ait ki
2 כִּי עֵת לְחֶנְנָהּ, כִּי בָא מוֹעֵד.

a·vo·tay·nu vAylohay Elohaynu Adonai Hu A·ta
3 אַתָּה הוּא יְיָ אֱלֹהֵינוּ, וֵאלֹהֵי אֲבוֹתֵינוּ,

ha·sa·meem k'toh·ret et l'fa·ne·cha a·vo·tay·nu sheh·heek·ti·ru
4 שֶׁהִקְטִירוּ אֲבוֹתֵינוּ לְפָנֶיךָ, אֶת קְטֹרֶת הַסַּמִּים.

v'ha·l'vo·na ha·chel·b'na v'ha·tzi·po·ren ha·tzo·ri ha·k'toh·ret pi·toom
5 פִּטּוּם הַקְּטֹרֶת: הַצֳּרִי, וְהַצִּפֹּרֶן, הַחֶלְבְּנָה, וְהַלְּבוֹנָה...

ki·na·mon ki·lu·fa ha·kohsht v'char·kom shi·bo·let nayrd ook·tzi·ah mor
6 מוֹר, וּקְצִיעָה, שִׁבֹּלֶת נֵרְדְּ, וְכַרְכֹּם... הַקֹּשְׁטְ... קִלּוּפָה... קִנָּמוֹן...

מוֹעֵד	קְטֹרֶת
appointed time/holiday	incense

LEMA'AN ACHAI

A blessing of peace and strength.

bach shalom na a·da·b'ra v'ray·ai a·chai l'ma·ahn
7 לְמַעַן אַחַי וְרֵעָי, אֲדַבְּרָה נָּא שָׁלוֹם בָּךְ.

lach tov a·vak·sha Elohaynu Adonai bayt l'ma·ahn
8 לְמַעַן בֵּית יְיָ אֱלֹהֵינוּ, אֲבַקְשָׁה טוֹב לָךְ.

yi·tayn l'a·mo ohz Adonai
9 יְיָ עֹז לְעַמּוֹ יִתֵּן,

va·shalom a·mo et y'va·raych Adonai
10 יְיָ יְבָרֵךְ אֶת עַמּוֹ בַשָּׁלוֹם.

When praying with a *minyan*, mourners recite *Kaddish d'Rabanan* (page 76).

אַחַי	וְרֵעָי	שָׁלוֹם	עֹז
my brothers	my friends	peace	strength

Aleinu

We proclaim Hashem as the Creator and praise Him, thankful that He chose us to be His special people.

1 עָלֵינוּ לְשַׁבֵּחַ לַאֲדוֹן הַכֹּל,
a·lay·nu l'sha·bay·ach la·Adon ha·kol

2 לָתֵת גְּדֻלָּה לְיוֹצֵר בְּרֵאשִׁית,
la·tayt g'du·la l'yo·tzayr b'ray·sheet

3 שֶׁלֹּא עָשָׂנוּ כְּגוֹיֵי הָאֲרָצוֹת,
sheh·lo ah·sa·nu k'go·yay ha·ah·ra·tzot

4 וְלֹא שָׂמָנוּ כְּמִשְׁפְּחוֹת* הָאֲדָמָה.
v'lo sa·ma·nu k'meesh·p'chot ha·ah·da·ma

5 שֶׁלֹּא שָׂם חֶלְקֵנוּ כָּהֶם,
sheh·lo sahm chel·kay·nu ka·hem

6 וְגֹרָלֵנוּ כְּכָל הֲמוֹנָם.
v'go·ra·lay·nu k'chol ha·mo·nam

7 שֶׁהֵם מִשְׁתַּחֲוִים לְהֶבֶל וְלָרִיק.
sheh·haym meesh·ta·cha·veem l'heh·vel v'la·reek

8 וַאֲנַחְנוּ כּוֹרְעִים*, וּמִשְׁתַּחֲוִים, וּמוֹדִים:
va·ah·nach·nu ko·r'eem u·meesh·ta·cha·veem u·mo·deem

9 לִפְנֵי מֶלֶךְ מַלְכֵי הַמְּלָכִים, הַקָּדוֹשׁ בָּרוּךְ הוּא.
leef·nay Meh·lech Mal·chay ha·m'la·cheem ha·Ka·dosh Ba·ruch Hu

עָלֵינוּ לְשַׁבֵּחַ	וּמִשְׁתַּחֲוִים	וּמוֹדִים	מֶלֶךְ מַלְכֵי הַמְּלָכִים	הַקָּדוֹשׁ בָּרוּךְ הוּא
we must praise	we bow	we thank	the King of kings	the Holy One, Blessed be He

My Siddur | Shacharit: Concluding Prayers

1. שֶׁהוּא נוֹטֶה שָׁמַיִם, וְיוֹסֵד אָרֶץ,
   sheh·hu no·teh sha·ma·yeem v'yo·sayd a·retz

2. וּמוֹשַׁב יְקָרוֹ בַּשָּׁמַיִם מִמַּעַל,
   u·mo·shav y'ka·ro ba·sha·ma·yeem mi·ma·al

3. וּשְׁכִינַת עֻזּוֹ בְּגָבְהֵי מְרוֹמִים,
   oosh·chi·naht u·zo b'gov·hay m'ro·meem

4. הוּא אֱלֹהֵינוּ, אֵין עוֹד.
   Hu Elohaynu ayn ohd

5. אֱמֶת מַלְכֵּנוּ, אֶפֶס זוּלָתוֹ.
   e·met Mal·kay·nu eh·fes zu·la·toh

6. כַּכָּתוּב בְּתוֹרָתוֹ:
   ka·ka·toov b'Torah·toh

7. וְיָדַעְתָּ הַיּוֹם, וַהֲשֵׁבֹתָ אֶל לְבָבֶךָ,
   v'ya·da·ta ha·yohm va·ha·shay·vo·ta el l'va·veh·cha

8. כִּי יְיָ הוּא הָאֱלֹהִים,
   ki Adonai Hu ha·Eloheem

9. בַּשָּׁמַיִם מִמַּעַל, וְעַל הָאָרֶץ מִתָּחַת,
   ba·sha·ma·yeem mi·ma·al v'al ha·ah·retz mi·ta·chaht

10. אֵין עוֹד.
    ayn ohd

וּשְׁכִינַת	אֵין עוֹד	אֱמֶת מַלְכֵּנוּ
Hashem's Presence	there is nothing else	our King is true

My Siddur | Shacharit: Concluding Prayers

V'al Kein

The day will come when the whole world will recognize and accept Hashem as King.

1. וְעַל כֵּן, נְקַוֶּה לְּךָ, יְיָ אֱלֹהֵינוּ,
   v'al kayn, n'ka·veh l'cha, Adonai Elohaynu

2. לִרְאוֹת מְהֵרָה בְּתִפְאֶרֶת עֻזֶּךָ.
   leer·oht m'hay·ra b'teef·eh·ret u·zeh·cha

3. לְהַעֲבִיר גִּלּוּלִים מִן הָאָרֶץ,
   l'ha·ah·veer gi·lu·leem meen ha·ah·retz

4. וְהָאֱלִילִים כָּרוֹת יִכָּרֵתוּן.
   v'ha·eh·li·leem ka·roht yi·ka·ray·toon

5. לְתַקֵּן עוֹלָם בְּמַלְכוּת שַׁדַּי,
   l'ta·kayn o·lahm b'mal·choot Shadai

6. וְכָל בְּנֵי בָשָׂר יִקְרְאוּ בִשְׁמֶךָ,
   v'chol b'nay va·sar yeek·r'u veesh·meh·cha

7. לְהַפְנוֹת אֵלֶיךָ, כָּל רִשְׁעֵי אָרֶץ,
   l'haf·noht ay·le·cha kol reesh·ay a·retz

8. יַכִּירוּ וְיֵדְעוּ כָּל יוֹשְׁבֵי תֵבֵל,
   ya·ki·ru v'yay·d'u kol yo·sh'vay tay·vayl

9. כִּי לְךָ תִּכְרַע כָּל בֶּרֶךְ, תִּשָּׁבַע כָּל לָשׁוֹן.
   ki l'cha teech·ra kol beh·rech ti·sha·va kol la·shon

נְקַוֶּה	לְתַקֵּן עוֹלָם	יִקְרְאוּ בִשְׁמֶךָ	יַכִּירוּ
we hope	to perfect the world	they will call Your Name	they will recognize

73 My Siddur | Shacharit: Concluding Prayers

l'fa·ne·cha Adonai Elohaynu yeech·r'u v'yi·po·lu
לְפָנֶיךָ יְיָ אֱלֹהֵינוּ, יִכְרְעוּ וְיִפּוֹלוּ,

v'leech·vod Sheem·cha y'kar yi·tay·nu
וְלִכְבוֹד שִׁמְךָ יְקָר יִתֵּנוּ,

vi·kab'lu chu·lahm ah·lay·hem et ol mal·chu·teh·cha
וִיקַבְּלוּ כֻלָּם עֲלֵיהֶם אֶת עוֹל מַלְכוּתֶךָ,

v'teem·loch a·lay·hem m'hay·ra l'o·lahm va·ed
וְתִמְלֹךְ עֲלֵיהֶם מְהֵרָה לְעוֹלָם וָעֶד,

ki ha·mal·choot sheh·l'cha hee
כִּי הַמַּלְכוּת שֶׁלְּךָ הִיא,

ool·o·l'may ahd teem·loch b'cha·vod
וּלְעוֹלְמֵי עַד תִּמְלוֹךְ בְּכָבוֹד.

ka·ka·tuv b'Torah·teh·cha Adonai yeem·loch l'o·lahm va·ed
כַּכָּתוּב בְּתוֹרָתֶךָ: יְיָ יִמְלֹךְ לְעֹלָם וָעֶד.

v'ne·eh·mar v'ha·ya Adonai l'Meh·lech al kol ha·ah·retz
וְנֶאֱמַר: וְהָיָה יְיָ לְמֶלֶךְ עַל כָּל הָאָרֶץ,

♫ 68

ba·yohm ha·hu yeeh·yeh Adonai Eh·chad oosh·mo Eh·chad
בַּיּוֹם הַהוּא יִהְיֶה יְיָ אֶחָד, וּשְׁמוֹ אֶחָד.

When praying with a *minyan*, mourners recite *Kaddish Yatom* (page 76).

וִיקַבְּלוּ	עוֹל	תִּמְלוֹךְ	אֶחָד
they will accept	responsibility	You will rule	one

Al Tira

Do not fear anything, for Hashem is always with us.

♫ 69

al · ti·ra · mi·pa·chad · peet·ohm
1 אַל תִּירָא מִפַּחַד פִּתְאֹם,

u·mi·sho·aht · r'sha·eem · ki · ta·vo
2 וּמִשֹּׁאַת רְשָׁעִים כִּי תָבֹא.

u·tzu · ay·tza · v'tu·far
3 עֻצוּ עֵצָה וְתֻפָר,

da·b'ru · da·var · v'lo · ya·kum
4 דַּבְּרוּ דָבָר וְלֹא יָקוּם,

ki · ee·ma·nu · Ayl
5 כִּי עִמָּנוּ אֵל.

v'ahd · zeek·na · A·ni · Hu · v'ahd · say·va · A·ni · es·bol
6 וְעַד זִקְנָה אֲנִי הוּא, וְעַד שֵׂיבָה אֲנִי אֶסְבֹּל,

A·ni · ah·si·ti · va·A·ni · eh·sa · va·A·ni · es·bol · va·ah·ma·layt
7 אֲנִי עָשִׂיתִי, וַאֲנִי אֶשָּׂא, וַאֲנִי אֶסְבֹּל וַאֲמַלֵּט.

ach · tza·dee·keem · yo·du · leesh·meh·cha
8 אַךְ צַדִּיקִים יוֹדוּ לִשְׁמֶךָ,

yay·sh'vu · y'sha·reem · et · pa·ne·cha
9 יֵשְׁבוּ יְשָׁרִים אֶת פָּנֶיךָ.

When praying with a *minyan*, mourners study designated Mishnayot and recite *Kaddish Derabanan* (page 76).

אַל תִּירָא	עִמָּנוּ אֵ-ל
do not fear	Hashem is with us

Six Remembrances

The Torah tells us to remember these six things every day.

1) Remember that Hashem redeemed us from Egypt.

l'ma·ahn teez·kor et yohm tzay't'cha may·eh·retz meetz·ra·yeem
לְמַעַן תִּזְכֹּר אֶת יוֹם צֵאתְךָ מֵאֶרֶץ מִצְרַיִם,

kol y'may cha·yeh·cha
כֹּל יְמֵי חַיֶּיךָ.

2) Forget not when you stood at Mt. Sinai before Hashem.

pen teesh·kach yohm ah·sher a·ma'd'ta leef·nay Adonai Elohecha b'cho·rayv
פֶּן תִּשְׁכַּח... יוֹם אֲשֶׁר עָמַדְתָּ לִפְנֵי יְיָ אֱלֹהֶיךָ בְּחֹרֵב.

3) Remember Amalek's attempt to diminish your excitement for the Torah. Erase their memory.

za·chor ait ah·sher ah·sa l'cha a·ma·layk ...teem·cheh et zeh·cher a·ma·layk
זָכוֹר אֵת אֲשֶׁר עָשָׂה לְךָ עֲמָלֵק, ...תִּמְחֶה אֶת זֵכֶר עֲמָלֵק.

4) Remember how you upset Hashem in the desert.

z'chor al teesh·kach
זְכֹר אַל תִּשְׁכַּח,

ait ah·sher heek·tzaf·ta et Adonai Elohecha ba·meed·bar
אֵת אֲשֶׁר הִקְצַפְתָּ אֶת יְיָ אֱלֹהֶיךָ בַּמִּדְבָּר.

5) Remember how Miriam was punished for her Lashon Harah in the desert.

za·chor ait ah·sher ah·sa Adonai Elohecha l'Meer·yahm
זָכוֹר אֵת אֲשֶׁר עָשָׂה יְיָ אֱלֹהֶיךָ לְמִרְיָם,

ba·deh·rech b'tzay't'chem mi·meetz·ra·yeem
בַּדֶּרֶךְ בְּצֵאתְכֶם מִמִּצְרָיִם.

6) Remember and observe the holy Shabbat day.

za·chor et yohm ha·Shabbat l'ka·d'sho
זָכוֹר אֶת יוֹם הַשַּׁבָּת לְקַדְּשׁוֹ.

My Siddur | Kaddish 76

Kaddish

The Kaddish is praise to Hashem. It divides between sections of our Tefila and is said for some family members who passed away.

There are several versions of *Kaddish*. All begin with the "Half *Kaddish*" (this page), and then continue with their various inserts (next few pages), as applicable.
Kaddish is a responsive prayer. Listeners respond with "*Amein*" after each phrase.

yeet·ga·dal v'yeet·ka·dahsh Sh'mayh ra·ba
1 יִתְגַּדַּל וְיִתְקַדַּשׁ שְׁמֵהּ רַבָּא. "*Amein*" ♫ 70

b'a·l'ma dee v'ra chir·oo·tayh v'yahm·leech mal·chu·tayh
2 בְּעָלְמָא דִּי בְרָא כִרְעוּתֵהּ, וְיַמְלִיךְ מַלְכוּתֵהּ, ♫ 71

v'yatz·mach pur·ka·nayh vi·ka·rayv m'shi·chayh
3 וְיַצְמַח פּוּרְקָנֵהּ וִיקָרֵב מְשִׁיחֵהּ. "*Amein*"

b'cha·yay·chon oov·yo·may·chon oov·cha·yay d'chol bayt Yisrael
4 בְּחַיֵּיכוֹן וּבְיוֹמֵיכוֹן וּבְחַיֵּי דְכָל בֵּית יִשְׂרָאֵל, ♫ 72

ba·ah·ga·la u·veez·mahn ka·reev v'eem·ru a·mayn
5 בַּעֲגָלָא וּבִזְמַן קָרִיב וְאִמְרוּ אָמֵן. "*Amein*"

Listeners say the following line **with concentration**; the one saying *Kaddish* repeats it and continues.

y'hay Sh'mayh ra·ba m'va·rach l'a·lahm ool·a·l'may al·ma·ya yeet·ba·raych
6 **יְהֵא שְׁמֵהּ רַבָּא מְבָרַךְ לְעָלַם וּלְעָלְמֵי עָלְמַיָּא. יִתְבָּרֵךְ,** ♫ 73

v'yeesh·ta·bach v'yeet·pa·ayr v'yeet·ro·mam v'yeet·na·say
7 וְיִשְׁתַּבַּח, וְיִתְפָּאַר, וְיִתְרוֹמַם, וְיִתְנַשֵּׂא,

v'yeet·ha·dar v'yeet·ah·leh v'yeet·ha·lal Sh'mayh d'kud·sha b'reech Hu
8 וְיִתְהַדָּר, וְיִתְעַלֶּה, וְיִתְהַלָּל, שְׁמֵהּ דְּקוּדְשָׁא בְּרִיךְ הוּא. "*Amein*"

l'ay·la meen kol beer·cha·ta v'shi·ra·ta toosh·b'cha·ta v'ne·che·ma·ta
9 לְעֵלָּא מִן כָּל בִּרְכָתָא וְשִׁירָתָא תֻּשְׁבְּחָתָא וְנֶחֱמָתָא, ♫ 74

da·ah·mi·rahn b'a·l'ma v'eem·ru a·mayn
10 דַּאֲמִירָן בְּעָלְמָא, וְאִמְרוּ אָמֵן. "*Amein*"

יְהֵא שְׁמֵהּ רַבָּא מְבָרַךְ לְעָלַם
May Hashem's Great Name be Blessed forever

My Siddur | Kaddish

KADDISH D'RABANAN – THE RABBIS' KADDISH INSERT

A mourner (and/or *Chazzan*) says this paragraph only at the start and end of the *tefila*.

1. עַל יִשְׂרָאֵל וְעַל רַבָּנָן.
   al Yisrael v'al ra·ba·nan

2. וְעַל תַּלְמִידֵיהוֹן, וְעַל כָּל תַּלְמִידֵי תַלְמִידֵיהוֹן,
   v'al tal·mi·day·hon v'al kol tal·mi·day tal·mi·day·hon

3. וְעַל כָּל מָאן דְּעָסְקִין בְּאוֹרַיְתָא,
   v'al kol mahn d'ah·s'keen b'o·rai·ta

4. דִּי בְאַתְרָא הָדֵין,
   dee v'aht·ra ha·dayn

5. וְדִי בְּכָל אֲתַר וַאֲתַר.
   v'dee v'chol a·tar va·ah·tar

6. יְהֵא לְהוֹן וּלְכוֹן שְׁלָמָא רַבָּא,
   y'hay l'hon ool·chon sh'la·ma ra·ba

7. חִנָּא וְחִסְדָּא וְרַחֲמִין,
   chee·na v'chees·da v'ra·cha·meen

8. וְחַיִּין אֲרִיכִין, וּמְזוֹנָא רְוִיחָא, וּפוּרְקָנָא,
   v'cha·yeen a·ri·cheen oom·zo·na r'vi·cha u·fur·ka·na

9. מִן קֳדָם אֲבוּהוֹן דְּבִשְׁמַיָּא,
   meen koh·dahm A·vu·hon d'veesh·ma·ya

10. וְאִמְרוּ אָמֵן: "Amein"
    v'eem·ru A·mayn

רַבָּנָן	תַּלְמִידֵיהוֹן	וְרַחֲמִין
Rabbis	their students	mercy

Kaddish Titkabel Insert

This paragraph is said only by the *Chazzan* during the *tefila*.

♫ 76

teet·ka·bayl tz'lo·t'hon u·va·u·t'hon d'chol bayt Yisrael
1 תִּתְקַבֵּל צְלוֹתְהוֹן וּבָעוּתְהוֹן דְּכָל בֵּית יִשְׂרָאֵל

koh·dahm a·vu·hon dee veesh·ma·ya v'eem·ru a·mayn
2 קֳדָם אֲבוּהוֹן דִּי בִשְׁמַיָּא, וְאִמְרוּ אָמֵן. *"Amein"*

Continue here for Kaddish d'Rabanan, Titkabel and Yatom (Mourner's)

♫ 77

y'hay sh'la·ma ra·ba meen sh'ma·ya
3 יְהֵא שְׁלָמָא רַבָּא מִן שְׁמַיָּא,

v'cha·yeem toh·veem a·lay·nu
4 וְחַיִּים טוֹבִים עָלֵינוּ,

v'al kol Yisrael v'eem·ru a·mayn
5 וְעַל כָּל יִשְׂרָאֵל, וְאִמְרוּ אָמֵן. *"Amein"*

Kaddish Sayer: Take three steps back. Bow to the right while saying עֹשֶׂה שָׁלוֹם בִּמְרוֹמָיו then forward while saying הוּא; to the left while saying יַעֲשֶׂה שָׁלוֹם עָלֵינוּ and forward again while saying וְעַל כָּל יִשְׂרָאֵל וְאִמְרוּ אָמֵן.

During the *Aseret Y'mei Teshuva* add "ha-הַ."

♫ 78

o·seh ha·shalom beem·ro·mav
6 עֹשֶׂה הַשָּׁלוֹם בִּמְרוֹמָיו,

Hu ya·ah·seh shalom a·lay·nu
7 הוּא יַעֲשֶׂה שָׁלוֹם עָלֵינוּ,

v'al kol Yisrael v'eem·ru a·mayn
8 וְעַל כָּל יִשְׂרָאֵל, וְאִמְרוּ אָמֵן. *"Amein"*

עֹשֶׂה שָׁלוֹם בִּמְרוֹמָיו	הוּא יַעֲשֶׂה שָׁלוֹם עָלֵינוּ
He Who makes peace in the heavens	He shall make peace for us

TRAVELER'S PRAYER

For a safe journey and return.

1 y'hee ra·tzon mi·l'fa·ne·cha Adonai Elohaynu vAylohay a·vo·tay·nu
יְהִי רָצוֹן מִלְּפָנֶיךָ יְיָ אֱלֹהֵינוּ וֵאלֹהֵי אֲבוֹתֵינוּ,

2 sheh·toh·li·chay·nu l'shalom v'tatz·ee·day·nu l'shalom
שֶׁתּוֹלִיכֵנוּ לְשָׁלוֹם, וְתַצְעִידֵנוּ לְשָׁלוֹם,

3 v'tahd·ri·chay·nu l'shalom v'tees·m'chay·nu l'shalom
וְתַדְרִיכֵנוּ לְשָׁלוֹם, וְתִסְמְכֵנוּ לְשָׁלוֹם,

4 v'ta·gi·ay·nu leem·choz chef·tzay·nu l'cha·yeem ool·seem·cha ool·shalom
וְתַגִּיעֵנוּ לִמְחוֹז חֶפְצֵנוּ, לְחַיִּים וּלְשִׂמְחָה וּלְשָׁלוֹם,

5 If returning the same day: (v'ta·cha·zi·ray·nu l'shalom)
(וְתַחֲזִירֵנוּ לְשָׁלוֹם),

6 v'ta·tzi·lay·nu mi·kaf kol o·yayv v'o·rayv v'lees·teem v'cha·yoht ra·oht ba·deh·rech
וְתַצִּילֵנוּ מִכַּף כָּל אוֹיֵב וְאוֹרֵב וְלִסְטִים וְחַיּוֹת רָעוֹת בַּדֶּרֶךְ,

7 u·mi·kol pur·ah·ni·yoht ha·meet·ra·g'shoht u·va·oht l'o·lahm
וּמִכָּל פּוּרְעָנִיּוֹת הַמִּתְרַגְּשׁוֹת וּבָאוֹת לְעוֹלָם,

8 v'teesh·lach b'ra·cha b'chol ma·ah·say ya·day·nu
וְתִשְׁלַח בְּרָכָה בְּכָל מַעֲשֵׂה יָדֵינוּ,

9 v'ti·t'nay·ni l'chayn ool·che·sed ool·ra·cha·meem
וְתִתְּנֵנִי לְחֵן וּלְחֶסֶד וּלְרַחֲמִים,

10 b'ay·ne·cha oov·ay·nay chol ro·ay·nu v'teeg·m'laynu cha·sa·deem to·veem
בְּעֵינֶיךָ וּבְעֵינֵי כָל רוֹאֵינוּ, וְתִגְמְלֵנוּ חֲסָדִים טוֹבִים,

11 v'teesh·ma kol t'fee·la·tay·nu ki A·ta sho·may·ah t'fee·laht kol peh
וְתִשְׁמַע קוֹל תְּפִלָּתֵנוּ, כִּי אַתָּה שׁוֹמֵעַ תְּפִלַּת כָּל פֶּה.

12 Ba·ruch A·ta Adonai sho·may·ah t'fee·la
בָּרוּךְ אַתָּה יְיָ, שׁוֹמֵעַ תְּפִלָּה.

שֶׁתּוֹלִיכֵנוּ לְשָׁלוֹם	וְתַדְרִיכֵנוּ לְשָׁלוֹם	וְתַחֲזִירֵנוּ לְשָׁלוֹם
lead us in peace	guide us in peace	return us in peace

COMMON BRACHOT

Brachot for wondrous natural sights and sounds, and common Mitzvot.

Recite the beginning of the *bracha* and continue with its proper ending.

ha·o·lahm Meh·lech Elohaynu Adonai A·ta Ba·ruch

1 בָּרוּךְ אַתָּה יְיָ, אֱלֹהֵינוּ, מֶלֶךְ הָעוֹלָם...

When we see lightning, we say:

v'ray·sheet ma·ah·say o·say

2 ...עֹשֵׂה מַעֲשֵׂה בְרֵאשִׁית.

When we hear thunder, we say:

o·lahm ma·lay oog·vu·ra·toh sheh·ko·cho

3 ...שֶׁכֹּחוֹ וּגְבוּרָתוֹ מָלֵא עוֹלָם.

When we see a rainbow, we say:

b'ma·ah·ma·ro v'ka·yahm beev·ri·toh v'neh·eh·mahn ha·b'reet zo·chayr

4 ...זוֹכֵר הַבְּרִית, וְנֶאֱמָן בִּבְרִיתוֹ, וְקַיָּם בְּמַאֲמָרוֹ.

For these *brachot*, after בָּרוּךְ אַתָּה... הָעוֹלָם add this:

v'tzi·va·nu b'meetz·vo·tav ki·d'sha·nu ah·sher

5 אֲשֶׁר קִדְּשָׁנוּ בְּמִצְוֹתָיו, וְצִוָּנוּ...

When affixing a *mezuzah* on our doors, we say:

mezuzah leek·bo·ah

6 לִקְבּוֹעַ מְזוּזָה.

When separating *Challah*, we say:

cha·la l'haf·reesh

7 לְהַפְרִישׁ חַלָּה.

When immersing dishes or utensils* in the *mikvah*, we say:

kay·leem *for one vessel* → ke·li t'vi·lat al

8 עַל טְבִילַת: כֶּלִי | *for multiple vessels* ← כֵּלִים.

**We immerse utensils used for food preparation, serving or eating that touch the food.*

My Siddur | Bedtime Shema

> **BEDTIME SHEMA** — As we prepare for bed, we reflect on our conduct during the day and commit to a better tomorrow. We forgive anyone who may have wronged us, and ask Hashem to do the same for us.

For weekdays:

1. רִבּוֹנוֹ שֶׁל עוֹלָם,
   ri·bo·no shel o·lahm

2. הֲרֵינִי מוֹחֵל לְכָל מִי שֶׁהִכְעִיס וְהִקְנִיט אוֹתִי...
   ha·ray·ni mo·chayl l'chol mi sheh·heech·ees v'heek·neet o·ti

3. יְהִי רָצוֹן מִלְּפָנֶיךָ, יְיָ אֱלֹהַי, וֵאלֹהֵי אֲבוֹתַי,
   y'hee ra·tzon mi·l'fa·ne·cha Adonai Elohai vAylohay a·vo·tai

4. שֶׁלֹּא אֶחֱטָא עוֹד...
   sheh·lo ech·ta ohd

5. וּמַה שֶּׁחָטָאתִי מְחוֹק בְּרַחֲמֶיךָ הָרַבִּים...
   u·ma sheh·cha·ta·ti m'chok b'ra·cha·meh·cha ha·ra·beem

We now say the 3 paragraphs of *Shema, V'haya & Vayomer* (pages 40-45), and then continue below.

6. גָּד גְּדוּד יְגוּדֶנּוּ וְהוּא יָגֻד עָקֵב.
   gad g'dude y'gu·deh·nu v'hu ya·gude a·kayv

7. עָקֵב יָגֻד וְהוּא יְגוּדֶנּוּ גְּדוּד גָּד.
   a·kayv ya·gude v'hu y'gu·deh·nu g'dude gad

8. בְּיָדְךָ, אַפְקִיד רוּחִי, פָּדִיתָה אוֹתִי, יְיָ, אֵל אֱמֶת.
   b'ya·d'cha af·keed ru·chi pa·dee·ta o·ti Adonai Ayl e·met

In preparation for the morning, place a cup of water in a bowl near your bed, to be used for washing *netilat yadayim*. See page 4 for details and the *bracha*.

בְּיָדְךָ	אַפְקִיד רוּחִי
in Your Hand	I entrust my soul

My Siddur | Bedtime Shema

HAMAPIL — Our final prayer before we drift into peaceful sleep.

1. בָּרוּךְ אַתָּה יְיָ, אֱלֹהֵינוּ, מֶלֶךְ הָעוֹלָם,
   Ba·ruch A·ta Adonai Elohaynu Meh·lech ha·o·lahm

2. הַמַּפִּיל חֶבְלֵי שֵׁנָה עַל עֵינַי, וּתְנוּמָה עַל עַפְעַפָּי,
   ha·ma·peel chev·lay shay·na al ay·nai oot·nu·ma al af·ah·pai

3. וּמֵאִיר לְאִישׁוֹן בַּת עָיִן.
   u·may·eer l'ee·shon baht a·yeen

4. וִיהִי רָצוֹן מִלְּפָנֶיךָ, יְיָ אֱלֹהַי, וֵאלֹהֵי אֲבוֹתַי,
   vi·hee ra·tzon mi·l'fa·ne·cha Adonai Elohai vAylohai a·vo·tai

5. שֶׁתַּשְׁכִּיבֵנִי לְשָׁלוֹם, וְתַעֲמִידֵנִי לְחַיִּים טוֹבִים וּלְשָׁלוֹם.
   sheh·tash·ki·vay·ni l'shalom v'ta·ah·mi·day·ni l'cha·yeem to·veem ool·shalom

6. וְאַל יְבַהֲלוּנִי רַעְיוֹנַי,
   v'al y'va·ha·lu·ni ra·yo·nai

7. וַחֲלוֹמוֹת רָעִים, וְהִרְהוּרִים רָעִים,
   va·cha·lo·moht ra·eem v'heer·hu·reem ra·eem

8. וּתְהֵא מִטָּתִי שְׁלֵמָה לְפָנֶיךָ,
   oot·hay mi·ta·ti sh'lay·ma l'fa·ne·cha

9. וְהָאֵר עֵינַי, פֶּן אִישַׁן הַמָּוֶת.
   v'ha·ayr ay·nai pen ee·shan ha·ma·vet

10. בָּרוּךְ אַתָּה יְיָ, הַמֵּאִיר לְעוֹלָם כֻּלּוֹ, בִּכְבוֹדוֹ.
    Ba·ruch A·ta Adonai ha·may·eer l'o·lahm ku·lo beech·vo·doh

שֶׁתַּשְׁכִּיבֵנִי לְשָׁלוֹם	וְתַעֲמִידֵנִי לְחַיִּים טוֹבִים	וְאַל יְבַהֲלוּנִי רַעְיוֹנַי	וַחֲלוֹמוֹת רָעִים
may I lie down peacefully	wake me to a good life	may my thoughts not disturb me	bad dreams

83 My Siddur | Holidays, Rosh Chodesh: Ya'ale V'yavo

YA'ALE V'YAVO

On special and holy days we ask Hashem to remember us and rebuild His Holy Temple in Jerusalem, with Moshiach.

v'yay·ra·eh v'ya·gi·ah v'ya·vo ya·ah·leh a·vo·tay·nu vAylohay Elohaynu
1 **אֱלֹהֵינוּ** וֵאלֹהֵי אֲבוֹתֵינוּ, יַעֲלֶה, וְיָבֹא, וְיַגִּיעַ, וְיֵרָאֶה,

u·fee·k'doh·nay·nu zeech·ro·nay·nu v'yi·za·chayr v'yi·pa·kayd v'yi·sha·ma v'yay·ra·tzeh
2 וְיֵרָצֶה, וְיִשָּׁמַע, וְיִפָּקֵד, וְיִזָּכֵר, זִכְרוֹנֵנוּ וּפִקְדוֹנֵנוּ,

av·deh·cha Da·veed ben ma·shi·ach v'zeech·rohn a·vo·tay·nu v'zeech·rohn
3 וְזִכְרוֹן אֲבוֹתֵינוּ, וְזִכְרוֹן מָשִׁיחַ בֶּן דָּוִד עַבְדֶּךָ,

kod·sheh·cha eer Y'ru·sha·la·yeem v'zeech·rohn
4 וְזִכְרוֹן יְרוּשָׁלַיִם עִיר קָדְשֶׁךָ,

l'toh·va leef·lay·ta l'fa·ne·cha Yisrael bayt a·m'cha kol v'zeech·rohn
5 וְזִכְרוֹן כָּל עַמְּךָ בֵּית יִשְׂרָאֵל, לְפָנֶיךָ, לִפְלֵיטָה לְטוֹבָה,

b'yohm ool·shalom toh·veem ool·cha·yeem ool·ra·cha·meem ool·che·sed l'chayn
6 לְחֵן, וּלְחֶסֶד, וּלְרַחֲמִים, וּלְחַיִּים טוֹבִים, וּלְשָׁלוֹם, בְּיוֹם:

7	On *Rosh Chodesh:*	רֹאשׁ הַחֹדֶשׁ הַזֶּה (rosh ha·cho·desh ha·zeh)	On *Sukkot:*	חַג הַסֻּכּוֹת הַזֶּה (chag ha·su·kot ha·zeh)
8	On *Pesach:*	חַג הַמַּצּוֹת הַזֶּה (chag ha·ma·tzot ha·zeh)	On *Shemini Atzeret:**	שְׁמִינִי עֲצֶרֶת הַחַג הַזֶּה (sh'mi·ni a·tzeh·ret ha·chag ha·zeh)
9	On *Shavuot:*	חַג הַשָּׁבֻעוֹת הַזֶּה (chag ha·sha·vu·oht ha·zeh)	On *Rosh Hashana:*	הַזִּכָּרוֹן הַזֶּה (ha·zi·ka·rohn ha·zeh)

On *Yom Tov* add: "b'yom tov meek·ra ko·desh ha·zeh - בְּיוֹם טוֹב מִקְרָא קֹדֶשׁ הַזֶּה"

* *and Simchat Torah*

leev·ra·cha vo u·fok·day·nu l'toh·va bo Elohaynu Adonai zoch·ray·nu
10 זָכְרֵנוּ יְיָ אֱלֹהֵינוּ בּוֹ לְטוֹבָה, וּפָקְדֵנוּ בוֹ לִבְרָכָה,

toh·veem l'cha·yeem vo v'ho·shi·ay·nu
11 וְהוֹשִׁיעֵנוּ בוֹ לְחַיִּים טוֹבִים.

v'ho·shi·ay·nu a·lay·nu v'ra·chaym v'cho·nay·nu choos v'ra·cha·meem y'shu·ah u·veed·var
12 וּבִדְבַר יְשׁוּעָה וְרַחֲמִים, חוּס וְחָנֵּנוּ, וְרַחֵם עָלֵינוּ, וְהוֹשִׁיעֵנוּ,

A·ta v'ra·choom cha·noon Meh·lech Ayl ki ay·nay·nu ay·le·cha ki
13 כִּי אֵלֶיךָ עֵינֵינוּ, כִּי אֵל מֶלֶךְ חַנּוּן וְרַחוּם אָתָּה.

יְרוּשָׁלַיִם עִיר קָדְשֶׁךָ	מָשִׁיחַ בֶּן דָּוִד
Jerusalem, Your holy city	*Moshiach* (redeemer), the son of David

My Siddur | Elul-Tishrei: L'David 84

L'David Hashem Ori

We recite this Psalm from Rosh Chodesh Elul* through Hoshaana Rabba, as it refers to the High Holy Days and Sukkot.

* The first day of *Rosh Chodesh*

ee·ra mi·mi v'yeesh·ee O·ri Adonai l'Da·veed

1 לְדָוִד, יְיָ אוֹרִי וְיִשְׁעִי מִמִּי אִירָא,

ef·chad mi·mi cha·yai ma·ohz Adonai

2 יְיָ מָעוֹז חַיַּי מִמִּי אֶפְחָד...

a·va·kaysh o·tah Adonai may·aiyt sha·al·ti a·chaht

3 אַחַת שָׁאַלְתִּי מֵאֵת יְיָ, אוֹתָהּ אֲבַקֵּשׁ,

cha·yai y'may kol Adonai b'vayt sheev·ti

4 שִׁבְתִּי בְּבֵית יְיָ כָּל יְמֵי חַיַּי,

b'hay·cha·lo ool·va·kayr Adonai b'no·ahm la·cha·zot

5 לַחֲזוֹת בְּנֹעַם יְיָ וּלְבַקֵּר בְּהֵיכָלוֹ.

ra·ah b'yohm b'su·ko yeetz·p'nay·ni ki

6 כִּי יִצְפְּנֵנִי בְּסֻכּוֹ בְּיוֹם רָעָה,

y'ro·m'may·ni b'tzur a·hoh·lo b'say·ter yas·ti·ray·ni

7 יַסְתִּרֵנִי בְּסֵתֶר אָהֳלוֹ, בְּצוּר יְרוֹמְמֵנִי...

va·ah·nay·ni v'cho·nay·ni ek·ra ko·li Adonai sh'ma

8 שְׁמַע יְיָ קוֹלִי אֶקְרָא, וְחָנֵּנִי וַעֲנֵנִי...

cha·yeem b'eh·retz Adonai b'tuv leer·oht heh·eh·mahn·ti lu·lay

9 לוּלֵא הֶאֱמַנְתִּי לִרְאוֹת בְּטוּב יְיָ בְּאֶרֶץ חַיִּים.

Adonai el v'ka·vay li·beh·cha v'ya·ah·maytz cha·zak Adonai el ka·vay

10 קַוֵּה אֶל יְיָ, חֲזַק וְיַאֲמֵץ לִבֶּךָ, וְקַוֵּה אֶל יְיָ.

When praying with a *minyan*, mourners recite *Kaddish Yatom* (page 76).
Then continue with concluding prayers (pages 68-75).

לִבֶּךָ	וְיַאֲמֵץ	חֲזַק	קַוֵּה אֶל ה׳	ה׳ אוֹרִי
your heart	courage	strengthen	trust in Hashem	Hashem is my Light

My Siddur | Chanukah - Purim

V'AL HANISIM — Praise and thanks to Hashem for the miracles He performed for us on Chanukah and Purim.

This *tefila* is recited in the *Amida* and *Birkat Hamazon* on *Chanukah* and *Purim*.

1. וְעַל הַנִּסִּים, וְעַל הַפֻּרְקָן, וְעַל הַגְּבוּרוֹת,
   v'al ha·ni·seem v'al ha·pur·kan v'al ha·g'vu·roht

2. וְעַל הַתְּשׁוּעוֹת, וְעַל הַנִּפְלָאוֹת,
   v'al ha·t'shu·oht v'al ha·neef·la·oht

3. שֶׁעָשִׂיתָ לַאֲבוֹתֵינוּ בַּיָּמִים הָהֵם, בִּזְמַן הַזֶּה.
   sheh·ah·si·ta la·ah·vo·tay·nu ba·ya·meem ha·haym bee·z'mahn ha·zeh

If you forgot to say "V'Al Hanisim" in Bentching, begin here instead, after "Mimarom."

4. הָרַחֲמָן, הוּא יַעֲשֶׂה לָנוּ נִסִּים כְּמוֹ שֶׁעָשָׂה לַאֲבוֹתֵינוּ
   ha·Ra·cha·mahn Hu ya·a·se la·nu ni·seem k'mo sheh·a·sa la·a·vo·tay·nu

5. בַּיָּמִים הָהֵם בִּזְמַן הַזֶּה.
   ba·ya·meem ha·haym bee·z'mahn ha·zeh
   Continue with "Bimei," below.

ON CHANUKAH:

6. בִּימֵי מַתִּתְיָהוּ בֶּן יוֹחָנָן כֹּהֵן גָּדוֹל, חַשְׁמוֹנָאִי וּבָנָיו,
   bee·may Ma·teet·ya·hu ben Yo·cha·nan ko·hayn ga·dol chash·mo·na·ee u·va·nav

7. כְּשֶׁעָמְדָה מַלְכוּת יָוָן הָרְשָׁעָה עַל עַמְּךָ יִשְׂרָאֵל
   k'sheh·ah·m'da mal·choot ya·vahn ha·r'sha·ah al a·m'cha Yisrael

8. לְהַשְׁכִּיחָם תּוֹרָתֶךָ, וּלְהַעֲבִירָם מֵחֻקֵּי רְצוֹנֶךָ,
   l'hahsh·ki·cham Torah·teh·cha u·l'ha·ah·vi·rahm may·chu·kay r'tzo·ne·cha

9. וְאַתָּה בְּרַחֲמֶיךָ הָרַבִּים, עָמַדְתָּ לָהֶם בְּעֵת צָרָתָם,
   v'Ata b'ra·cha·meh·cha ha·ra·beem a·ma·d'ta la·hem b'ait tza·ra·tahm

הַנִּסִּים	הַנִּפְלָאוֹת	בַּיָּמִים הָהֵם בִּזְמַן הַזֶּה
the miracles	the wonders	in those days, at this time

ni·k'ma·tahm et na·kam·ta dee·nam et dahn·ta ri·vahm et rav·ta

1 רַבְתָּ אֶת רִיבָם, דַּנְתָּ אֶת דִּינָם, נָקַמְתָּ אֶת נִקְמָתָם,

m'a·teem b'yad v'ra·beem cha·la·sheem b'yad gi·bo·reem ma·sar·ta

2 מָסַרְתָּ גִבּוֹרִים בְּיַד חַלָּשִׁים, וְרַבִּים בְּיַד מְעַטִּים,

tza·dee·keem b'yad u·r'sha·eem t'ho·reem b'yad u·t'may·eem

3 וּטְמֵאִים בְּיַד טְהוֹרִים, וּרְשָׁעִים בְּיַד צַדִּיקִים,

Torah·teh·cha o·s'kay b'yad v'zay·deem

4 וְזֵדִים בְּיַד עוֹסְקֵי תוֹרָתֶךָ.

ba·o·la·meh·cha v'ka·dosh ga·dol shaym ah·si·ta u·l'cha

5 וּלְךָ עָשִׂיתָ שֵׁם גָּדוֹל וְקָדוֹשׁ בְּעוֹלָמֶךָ,

ha·zeh k'ha·yohm u·fur·kan g'doh·la t'shu·ah ah·si·ta Yisrael u·l'a·m'cha

6 וּלְעַמְּךָ יִשְׂרָאֵל עָשִׂיתָ תְּשׁוּעָה גְדוֹלָה וּפֻרְקָן כְּהַיּוֹם הַזֶּה.

bay·teh·cha li·d'veer va·ne·cha ba·u kach v'a·char

7 וְאַחַר כֵּךְ בָּאוּ בָנֶיךָ לִדְבִיר בֵּיתֶךָ,

meek·da·sheh·cha et v'ti·ha·ru hay·cha·le·cha et u·fee·nu

8 וּפִנּוּ אֶת הֵיכָלֶךָ, וְטִהֲרוּ אֶת מִקְדָּשֶׁךָ,

kod·sheh·cha b'cha·tz'roht nay·roht v'heed·li·ku

9 וְהִדְלִיקוּ נֵרוֹת בְּחַצְרוֹת קָדְשֶׁךָ,

ay·lu Chanukah y'may sh'mo·naht v'ka·v'u

10 וְקָבְעוּ שְׁמוֹנַת יְמֵי חֲנֻכָּה אֵלּוּ,

ha·ga·dol l'Sheem·cha u·l'ha·layl l'ho·doht

11 לְהוֹדוֹת וּלְהַלֵּל לְשִׁמְךָ הַגָּדוֹל.

לְשִׁמְךָ הַגָּדוֹל	לְהוֹדוֹת וּלְהַלֵּל	וְהִדְלִיקוּ נֵרוֹת	וּרְשָׁעִים בְּיַד צַדִּיקִים
Your Great Name	to thank and praise	they lit candles	wicked in the hands of righteous

On Purim:

1. בִּימֵי מָרְדְּכַי וְאֶסְתֵּר בְּשׁוּשַׁן הַבִּירָה,
   bee·may Mordechai v'Esther b'Shu·shan ha·bee·ra

2. כְּשֶׁעָמַד עֲלֵיהֶם הָמָן הָרָשָׁע,
   k'sheh·ah·mahd a·lay·hem ha·mahn ha·ra·sha

3. בִּקֵּשׁ לְהַשְׁמִיד לַהֲרוֹג וּלְאַבֵּד אֶת כָּל הַיְּהוּדִים,
   bee·kaysh l'hahsh·meed la·ha·rog u·l'a·bayd et kol ha·y'hu·deem

4. מִנַּעַר וְעַד זָקֵן, טַף וְנָשִׁים, בְּיוֹם אֶחָד,
   mi·na·ar v'ahd za·kayn taf v'na·sheem b'yohm eh·chad

5. בִּשְׁלֹשָׁה עָשָׂר לְחֹדֶשׁ שְׁנֵים עָשָׂר,
   bee·sh'lo·sha ah·sar l'cho·desh sh'naym ah·sar

6. הוּא חֹדֶשׁ אֲדָר, וּשְׁלָלָם לָבוֹז.
   hu cho·desh ah·dar u·sh'la·lahm la·voz

7. וְאַתָּה בְּרַחֲמֶיךָ הָרַבִּים הֵפַרְתָּ אֶת עֲצָתוֹ,
   v'Ata b'ra·cha·meh·cha ha·ra·beem hay·far·ta et ah·tza·toh

8. וְקִלְקַלְתָּ אֶת מַחֲשַׁבְתּוֹ, וַהֲשֵׁבוֹתָ לּוֹ גְּמוּלוֹ בְּרֹאשׁוֹ,
   v'keel·kal·ta et ma·cha·shav·toh va·ha·shay·vo·ta lo g'mu·lo b'ro·sho

9. וְתָלוּ אוֹתוֹ וְאֶת בָּנָיו עַל הָעֵץ.
   v'ta·lu o·toh v'et ba·nav al ha·aytz

חֹדֶשׁ אֲדָר	הֵפַרְתָּ אֶת עֲצָתוֹ
the month of *Adar*	You cancelled his plan

My Siddur | Holidays: Sefirat Ha'Omer, Counting the Omer

SEFIRAT HA'OMER

From Pesach to Shavuot (Matan Torah) are 49 days of preparation. We count the Omer and improve our character.

Some laws of *Sefirat Ha'Omer*

1. We count *Sefirat Ha'Omer* from the 2nd night of *Pesach* until *Shavuot* for a total of 49 days.
2. Each night, after the stars come out, we count the number of the *next* calendar day, since the Jewish day begins at nightfall. So, for example:

When Sunday, the 16th of *Nissan* is the 1st day of the *Omer*, then on Saturday night – *before* Sunday – we count the 1st day of the *Omer*. On Sunday night – before Monday – we count the 2nd day of the *Omer*, etc.

3. If we forget to count at night we do so the next day, but without the *bracha*.

4. If we forgot to count both at night and the next day, then we continue counting on the remaining nights, but without the *bracha*.

We recite the *bracha* standing, having in mind the day's count of *sefirah* and the *mida* of that day (e.g. *chesed*). We then ask Hashem, in "*Harachaman*," to rebuild the *Beit Hamikdash*.

1. בָּרוּךְ אַתָּה יְיָ, אֱלֹהֵינוּ, מֶלֶךְ הָעוֹלָם,
   Ba·ruch   A·ta   Adonai   Elohaynu   Meh·lech   ha·oh·lahm

2. אֲשֶׁר קִדְּשָׁנוּ בְּמִצְוֹתָיו, וְצִוָּנוּ עַל סְפִירַת הָעוֹמֶר.
   ah·sher   ki·d'sha·nu   b'meetz·vo·tav   v'tzi·va·nu   al   s'fee·raht   ha·o·mehr

Week #1

3. | Day #1 | 16th of Nissan טז נִיסָן |

4. הַיּוֹם יוֹם אֶחָד לָעוֹמֶר.
   ha·yohm   yohm   eh·chad   la·o·mehr

5. הָרַחֲמָן הוּא יַחֲזִיר לָנוּ עֲבוֹדַת בֵּית הַמִּקְדָּשׁ לִמְקוֹמָהּ,
   ha·ra·cha·mahn   hu   ya·cha·zeer   la·nu   a·vo·daht   bayt   ha·meek·dahsh   leem·ko·mah

6. בִּמְהֵרָה בְיָמֵינוּ, אָמֵן סֶלָה.
   beem·hay·ra   v'ya·may·nu   a·mayn   seh·la

*הָרַחֲמָן...
che·sed sheh·b'che·sed
חֶסֶד שֶׁבְּחֶסֶד

| יַחֲזִיר... עֲבוֹדַת בֵּית הַמִּקְדָּשׁ | בִּמְהֵרָה בְיָמֵינוּ | חֶסֶד |
| return the service of the Beit Hamikdash | speedily in our days | kindness |

My Siddur | Sefirat Ha'Omer – Counting the Omer

Week #1

*הָרַחֲמָן... g'vu·ra sheh·b'che·sed גְּבוּרָה שֶׁבְּחֶסֶד		17th of Nissan Day יז נִיסָן #2	1
	ha·yohm sh'nay ya·meem la·o·mehr הַיּוֹם שְׁנֵי יָמִים לָעוֹמֶר.		2
*הָרַחֲמָן... teef·eh·ret sheh·b'che·sed תִּפְאֶרֶת שֶׁבְּחֶסֶד		18th of Nissan Day יח נִיסָן #3	3
	ha·yohm sh'lo·sha ya·meem la·o·mehr הַיּוֹם שְׁלֹשָׁה יָמִים לָעוֹמֶר.		4
*הָרַחֲמָן... ne·tzach sheh·b'che·sed נֶצַח שֶׁבְּחֶסֶד		19th of Nissan Day יט נִיסָן #4	5
	ha·yohm ar·ba·ah ya·meem la·o·mehr הַיּוֹם אַרְבָּעָה יָמִים לָעוֹמֶר.		6
*הָרַחֲמָן... hod sheh·b'che·sed הוֹד שֶׁבְּחֶסֶד		20th of Nissan Day כ נִיסָן #5	7
	ha·yohm cha·mi·sha ya·meem la·o·mehr הַיּוֹם חֲמִשָּׁה יָמִים לָעוֹמֶר.		8
*הָרַחֲמָן... y'sohd sheh·b'che·sed יְסוֹד שֶׁבְּחֶסֶד		21st of Nissan Day כא נִיסָן #6	9
	ha·yohm shi·sha ya·meem la·o·mehr הַיּוֹם שִׁשָּׁה יָמִים לָעוֹמֶר.		10
*הָרַחֲמָן... mal·choot sheh·b'che·sed מַלְכוּת שֶׁבְּחֶסֶד	ha·yohm sheev·ah ya·meem הַיּוֹם שִׁבְעָה יָמִים,	22nd of Nissan Day כב נִיסָן #7	11
	sheh·haym sha·vu·ah eh·chad la·o·mehr שֶׁהֵם שָׁבוּעַ אֶחָד לָעוֹמֶר.		12

מַלְכוּת kingship	יְסוֹד foundation	הוֹד glory	נֶצַח victory	תִּפְאֶרֶת beauty	גְּבוּרָה strength	חֶסֶד kindness

*Return to page 88, line 5 for "הָרַחֲמָן..."

Week #2

*הָרַחֲמָן... che·sed sheh·beeg·vu·ra חֶסֶד שֶׁבִּגְבוּרָה	ha·yohm sh'mo·na ya·meem הַיּוֹם שְׁמוֹנָה יָמִים, sheh·haym sha·vu·ah eh·chad v'yohm eh·chad la·o·mehr שֶׁהֵם שָׁבוּעַ אֶחָד וְיוֹם אֶחָד לָעוֹמֶר.	23rd of Nissan Day #8 כג ניסן	1 2
*הָרַחֲמָן... g'vu·ra sheh·beeg·vu·ra גְּבוּרָה שֶׁבִּגְבוּרָה	ha·yohm teesh·ah ya·meem הַיּוֹם תִּשְׁעָה יָמִים, sheh·haym sha·vu·ah eh·chad oosh·nay ya·meem la·o·mehr שֶׁהֵם שָׁבוּעַ אֶחָד וּשְׁנֵי יָמִים לָעוֹמֶר.	24th of Nissan Day #9 כד ניסן	3 4
*הָרַחֲמָן... teef·eh·ret sheh·beeg·vu·ra תִּפְאֶרֶת שֶׁבִּגְבוּרָה	ha·yohm ah·sa·ra ya·meem הַיּוֹם עֲשָׂרָה יָמִים, sheh·haym sha·vu·ah eh·chad oosh·lo·sha ya·meem la·o·mehr שֶׁהֵם שָׁבוּעַ אֶחָד וּשְׁלֹשָׁה יָמִים לָעוֹמֶר.	25th of Nissan Day #10 כה ניסן	5 6
*הָרַחֲמָן... ne·tzach sheh·beeg·vu·ra נֶצַח שֶׁבִּגְבוּרָה	ha·yohm ah·chad ah·sar yohm הַיּוֹם אַחַד עָשָׂר יוֹם, sheh·haym sha·vu·ah eh·chad v'ar·ba·ah ya·meem la·o·mehr שֶׁהֵם שָׁבוּעַ אֶחָד וְאַרְבָּעָה יָמִים לָעוֹמֶר.	26th of Nissan Day #11 כו ניסן	7 8
*הָרַחֲמָן... hod sheh·beeg·vu·ra הוֹד שֶׁבִּגְבוּרָה	ha·yohm sh'naym ah·sar yohm הַיּוֹם שְׁנֵים עָשָׂר יוֹם, sheh·haym sha·vu·ah eh·chad va·cha·mi·sha ya·meem la·o·mehr שֶׁהֵם שָׁבוּעַ אֶחָד וַחֲמִשָּׁה יָמִים לָעוֹמֶר.	27th of Nissan Day #12 כז ניסן	9 10
*הָרַחֲמָן... y'sohd sheh·beeg·vu·ra יְסוֹד שֶׁבִּגְבוּרָה	ha·yohm sh'lo·sha ah·sar yohm הַיּוֹם שְׁלֹשָׁה עָשָׂר יוֹם, sheh·haym sha·vu·ah eh·chad v'shi·sha ya·meem la·o·mehr שֶׁהֵם שָׁבוּעַ אֶחָד וְשִׁשָּׁה יָמִים לָעוֹמֶר.	28th of Nissan Day #13 כח ניסן	11 12
*הָרַחֲמָן... mal·choot sheh·beeg·vu·ra מַלְכוּת שֶׁבִּגְבוּרָה	ha·yohm ar·ba·ah ah·sar yohm הַיּוֹם אַרְבָּעָה עָשָׂר יוֹם, sheh·haym sh'nay sha·vu·oht la·o·mehr שֶׁהֵם שְׁנֵי שָׁבוּעוֹת לָעוֹמֶר.	29th of Nissan Day #14 כט ניסן	13 14

מַלְכוּת kingship	יְסוֹד foundation	הוֹד glory	נֶצַח victory	תִּפְאֶרֶת beauty	גְּבוּרָה strength	חֶסֶד kindness

*Return to page 88, line 5 for "הָרַחֲמָן...".

Week #3

30th of Nissan — Day #15 — ל נִיסָן

yohm ah·sar cha·mi·sha ha·yohm

1 הַיּוֹם חֲמִשָּׁה עָשָׂר יוֹם,

la·o·mehr eh·chad v'yohm sha·vu·oht sh'nay sheh·haym

2 שֶׁהֵם שְׁנֵי שָׁבוּעוֹת וְיוֹם אֶחָד לָעוֹמֶר.

*הָרַחֲמָן...
che·sed sheh·b'teef·eh·ret
חֶסֶד שֶׁבְּתִפְאֶרֶת

1st of Iyar — Day #16 — א אִיָּיר

yohm ah·sar shi·sha ha·yohm

3 הַיּוֹם שִׁשָּׁה עָשָׂר יוֹם,

la·o·mehr ya·meem oosh·nay sha·vu·oht sh'nay sheh·haym

4 שֶׁהֵם שְׁנֵי שָׁבוּעוֹת וּשְׁנֵי יָמִים לָעוֹמֶר.

*הָרַחֲמָן...
g'vu·ra sheh·b'teef·eh·ret
גְּבוּרָה שֶׁבְּתִפְאֶרֶת

2nd of Iyar — Day #17 — ב אִיָּיר

yohm ah·sar sheev·ah ha·yohm

5 הַיּוֹם שִׁבְעָה עָשָׂר יוֹם,

la·o·mehr ya·meem oosh·lo·sha sha·vu·oht sh'nay sheh·haym

6 שֶׁהֵם שְׁנֵי שָׁבוּעוֹת וּשְׁלֹשָׁה יָמִים לָעוֹמֶר.

*הָרַחֲמָן...
teef·eh·ret sheh·b'teef·eh·ret
תִּפְאֶרֶת שֶׁבְּתִפְאֶרֶת

3rd of Iyar — Day #18 — ג אִיָּיר

yohm ah·sar sh'mo·na ha·yohm

7 הַיּוֹם שְׁמוֹנָה עָשָׂר יוֹם,

la·o·mehr ya·meem v'ar·ba·ah sha·vu·oht sh'nay sheh·haym

8 שֶׁהֵם שְׁנֵי שָׁבוּעוֹת וְאַרְבָּעָה יָמִים לָעוֹמֶר.

*הָרַחֲמָן...
ne·tzach sheh·b'teef·eh·ret
נֶצַח שֶׁבְּתִפְאֶרֶת

4th of Iyar — Day #19 — ד אִיָּיר

yohm ah·sar teesh·ah ha·yohm

9 הַיּוֹם תִּשְׁעָה עָשָׂר יוֹם,

la·o·mehr ya·meem va·cha·mi·sha sha·vu·oht sh'nay sheh·haym

10 שֶׁהֵם שְׁנֵי שָׁבוּעוֹת וַחֲמִשָּׁה יָמִים לָעוֹמֶר.

*הָרַחֲמָן...
hod sheh·b'teef·eh·ret
הוֹד שֶׁבְּתִפְאֶרֶת

5th of Iyar — Day #20 — ה אִיָּיר

yohm es·reem ha·yohm

11 הַיּוֹם עֶשְׂרִים יוֹם,

la·o·mehr ya·meem v'shi·sha sha·vu·oht sh'nay sheh·haym

12 שֶׁהֵם שְׁנֵי שָׁבוּעוֹת וְשִׁשָּׁה יָמִים לָעוֹמֶר.

*הָרַחֲמָן...
y'sohd sheh·b'teef·eh·ret
יְסוֹד שֶׁבְּתִפְאֶרֶת

6th of Iyar — Day #21 — ו אִיָּיר

yohm v'es·reem eh·chad ha·yohm

13 הַיּוֹם אֶחָד וְעֶשְׂרִים יוֹם,

la·o·mehr sha·vu·oht sh'lo·sha sheh·haym

14 שֶׁהֵם שְׁלֹשָׁה שָׁבוּעוֹת לָעוֹמֶר.

*הָרַחֲמָן...
mal·choot sheh·b'teef·eh·ret
מַלְכוּת שֶׁבְּתִפְאֶרֶת

מַלְכוּת	יְסוֹד	הוֹד	נֶצַח	תִּפְאֶרֶת	גְּבוּרָה	חֶסֶד
kingship	foundation	glory	victory	beauty	strength	kindness

*Return to page 88, line 5 for "הָרַחֲמָן...."

My Siddur | Holidays: Sefirat Ha'Omer, Counting the Omer

Week #4

*הָרַחֲמָן... che·sed sheh·b'ne·tzach חֶסֶד שֶׁבְּנֶצַח	הַיוֹם שְׁנַיִם וְעֶשְׂרִים יוֹם, ha·yohm sh'na·yeem v'es·reem yohm שֶׁהֵם שְׁלֹשָׁה שָׁבוּעוֹת וְיוֹם אֶחָד לָעוֹמֶר. sheh·haym sh'lo·sha sha·vu·oht v'yohm eh·chad la·o·mehr	Day #22 — 7th of Iyar ז אִיָּר	1 2
*הָרַחֲמָן... g'vu·ra sheh·b'ne·tzach גְבוּרָה שֶׁבְּנֶצַח	הַיוֹם שְׁלֹשָׁה וְעֶשְׂרִים יוֹם, ha·yohm sh'lo·sha v'es·reem yohm שֶׁהֵם שְׁלֹשָׁה שָׁבוּעוֹת וּשְׁנֵי יָמִים לָעוֹמֶר. sheh·haym sh'lo·sha sha·vu·oht oosh·nay ya·meem la·o·mehr	Day #23 — 8th of Iyar ח אִיָּר	3 4
*הָרַחֲמָן... teef·eh·ret sheh·b'ne·tzach תִּפְאֶרֶת שֶׁבְּנֶצַח	הַיוֹם אַרְבָּעָה וְעֶשְׂרִים יוֹם, ha·yohm ar·ba·ah v'es·reem yohm שֶׁהֵם שְׁלֹשָׁה שָׁבוּעוֹת וּשְׁלֹשָׁה יָמִים לָעוֹמֶר. sheh·haym sh'lo·sha sha·vu·oht oosh·lo·sha ya·meem la·o·mehr	Day #24 — 9th of Iyar ט אִיָּר	5 6
*הָרַחֲמָן... ne·tzach sheh·b'ne·tzach נֶצַח שֶׁבְּנֶצַח	הַיוֹם חֲמִשָּׁה וְעֶשְׂרִים יוֹם, ha·yohm cha·mi·sha v'es·reem yohm שֶׁהֵם שְׁלֹשָׁה שָׁבוּעוֹת וְאַרְבָּעָה יָמִים לָעוֹמֶר. sheh·haym sh'lo·sha sha·vu·oht v'ar·ba·ah ya·meem la·o·mehr	Day #25 — 10th of Iyar י אִיָּר	7 8
*הָרַחֲמָן... hod sheh·b'ne·tzach הוֹד שֶׁבְּנֶצַח	הַיוֹם שִׁשָּׁה וְעֶשְׂרִים יוֹם, ha·yohm shi·sha v'es·reem yohm שֶׁהֵם שְׁלֹשָׁה שָׁבוּעוֹת וַחֲמִשָּׁה יָמִים לָעוֹמֶר. sheh·haym sh'lo·sha sha·vu·oht va·cha·mi·sha ya·meem la·o·mehr	Day #26 — 11th of Iyar יא אִיָּר	9 10
*הָרַחֲמָן... y'sohd sheh·b'ne·tzach יְסוֹד שֶׁבְּנֶצַח	הַיוֹם שִׁבְעָה וְעֶשְׂרִים יוֹם, ha·yohm sheev·ah v'es·reem yohm שֶׁהֵם שְׁלֹשָׁה שָׁבוּעוֹת וְשִׁשָּׁה יָמִים לָעוֹמֶר. sheh·haym sh'lo·sha sha·vu·oht v'shi·sha ya·meem la·o·mehr	Day #27 — 12th of Iyar יב אִיָּר	11 12
*הָרַחֲמָן... mal·choot sheh·b'ne·tzach מַלְכוּת שֶׁבְּנֶצַח	הַיוֹם שְׁמוֹנָה וְעֶשְׂרִים יוֹם, ha·yohm sh'mo·na v'es·reem yohm שֶׁהֵם אַרְבָּעָה שָׁבוּעוֹת לָעוֹמֶר. sheh·haym ar·ba·ah sha·vu·oht la·o·mehr	Day #28 — 13th of Iyar יג אִיָּר	13 14

מַלְכוּת kingship	יְסוֹד foundation	הוֹד glory	נֶצַח victory	תִּפְאֶרֶת beauty	גְבוּרָה strength	חֶסֶד kindness

*Return to page 88, line 5 for "הָרַחֲמָן...".

My Siddur | Sefirat Ha'Omer – Counting the Omer

Week #5

*הָרַחֲמָן... che·sed sheh·b'hod חֶסֶד שֶׁבְּהוֹד	הַיּוֹם תִּשְׁעָה וְעֶשְׂרִים יוֹם, ha·yohm teesh·ah v'es·reem yohm	Pesach Shayni פֶּסַח שֵׁנִי	14th of Iyar יד אִיָּיר	Day #29
	שֶׁהֵם אַרְבָּעָה שָׁבוּעוֹת וְיוֹם אֶחָד לָעוֹמֶר. sheh·haym ar·ba·ah sha·vu·oht v'yohm eh·chad la·o·mehr			
*הָרַחֲמָן... g'vu·ra sheh·b'hod גְּבוּרָה שֶׁבְּהוֹד	הַיּוֹם שְׁלֹשִׁים יוֹם, ha·yohm sh'lo·sheem yohm		15th of Iyar טו אִיָּיר	Day #30
	שֶׁהֵם אַרְבָּעָה שָׁבוּעוֹת וּשְׁנֵי יָמִים לָעוֹמֶר. sheh·haym ar·ba·ah sha·vu·oht oosh·nay ya·meem la·o·mehr			
*הָרַחֲמָן... teef·eh·ret sheh·b'hod תִּפְאֶרֶת שֶׁבְּהוֹד	הַיּוֹם אֶחָד וּשְׁלֹשִׁים יוֹם, ha·yohm eh·chad oosh·lo·sheem yohm		16th of Iyar טז אִיָּיר	Day #31
	שֶׁהֵם אַרְבָּעָה שָׁבוּעוֹת וּשְׁלֹשָׁה יָמִים לָעוֹמֶר. sheh·haym ar·ba·ah sha·vu·oht oosh·lo·sha ya·meem la·o·mehr			
*הָרַחֲמָן... ne·tzach sheh·b'hod נֵצַח שֶׁבְּהוֹד	הַיּוֹם שְׁנַיִם וּשְׁלֹשִׁים יוֹם, ha·yohm sh'na·yeem oosh·lo·sheem yohm		17th of Iyar יז אִיָּיר	Day #32
	שֶׁהֵם אַרְבָּעָה שָׁבוּעוֹת וְאַרְבָּעָה יָמִים לָעוֹמֶר. sheh·haym ar·ba·ah sha·vu·oht v'ar·ba·ah ya·meem la·o·mehr			
*הָרַחֲמָן... hod sheh·b'hod הוֹד שֶׁבְּהוֹד	הַיּוֹם שְׁלֹשָׁה וּשְׁלֹשִׁים יוֹם, ha·yohm sh'lo·sha oosh·lo·sheem yohm	Lag Ba'Omer ל"ג בָּעוֹמֶר	18th of Iyar יח אִיָּיר	Day #33
	שֶׁהֵם אַרְבָּעָה שָׁבוּעוֹת וַחֲמִשָּׁה יָמִים לָעוֹמֶר. sheh·haym ar·ba·ah sha·vu·oht va·cha·mi·sha ya·meem la·o·mehr			
*הָרַחֲמָן... y'sohd sheh·b'hod יְסוֹד שֶׁבְּהוֹד	הַיּוֹם אַרְבָּעָה וּשְׁלֹשִׁים יוֹם, ha·yohm ar·ba·ah oosh·lo·sheem yohm		19th of Iyar יט אִיָּיר	Day #34
	שֶׁהֵם אַרְבָּעָה שָׁבוּעוֹת וְשִׁשָּׁה יָמִים לָעוֹמֶר. sheh·haym ar·ba·ah sha·vu·oht v'shi·sha ya·meem la·o·mehr			
*הָרַחֲמָן... mal·choot sheh·b'hod מַלְכוּת שֶׁבְּהוֹד	הַיּוֹם חֲמִשָּׁה וּשְׁלֹשִׁים יוֹם, ha·yohm cha·mi·sha oosh·lo·sheem yohm		20th of Iyar כ אִיָּיר	Day #35
	שֶׁהֵם חֲמִשָּׁה שָׁבוּעוֹת לָעוֹמֶר. sheh·haym cha·mi·shah sha·vu·oht la·o·mehr			

מַלְכוּת kingship	יְסוֹד foundation	הוֹד glory	נֵצַח victory	תִּפְאֶרֶת beauty	גְּבוּרָה strength	חֶסֶד kindness

*Return to page 88, line 5 for "הָרַחֲמָן...."

My Siddur | Holidays: Sefirat Ha'Omer, Counting the Omer 94

Week #6

*הָרַחֲמָן... che·sed sheh·bee·sohd חֶסֶד שֶׁבִּיסוֹד	yohm oosh·lo·sheem shi·sha ha·yohm הַיּוֹם שִׁשָּׁה וּשְׁלֹשִׁים יוֹם, la·o·mehr eh·chad v'yohm sha·vu·oht cha·mi·sha sheh·haym שֶׁהֵם חֲמִשָּׁה שָׁבוּעוֹת וְיוֹם אֶחָד לָעוֹמֶר.	Day #36	21st of Iyar כא אִיָּר	1 2
*הָרַחֲמָן... g'vu·ra sheh·bee·sohd גְּבוּרָה שֶׁבִּיסוֹד	yohm u·sh'lo·sheem sheev·ah ha·yohm הַיּוֹם שִׁבְעָה וּשְׁלֹשִׁים יוֹם, la·o·mehr ya·meem oosh·nay sha·vu·oht cha·mi·sha sheh·haym שֶׁהֵם חֲמִשָּׁה שָׁבוּעוֹת וּשְׁנֵי יָמִים לָעוֹמֶר.	Day #37	22nd of Iyar כב אִיָּר	3 4
*הָרַחֲמָן... teef·eh·ret sheh·bee·sohd תִּפְאֶרֶת שֶׁבִּיסוֹד	yohm oosh·lo·sheem sh'mo·na ha·yohm הַיּוֹם שְׁמוֹנָה וּשְׁלֹשִׁים יוֹם, la·o·mehr ya·meem oosh·lo·sha sha·vu·oht cha·mi·sha sheh·haym שֶׁהֵם חֲמִשָּׁה שָׁבוּעוֹת וּשְׁלֹשָׁה יָמִים לָעוֹמֶר.	Day #38	23rd of Iyar כג אִיָּר	5 6
*הָרַחֲמָן... ne·tzach sheh·bee·sohd נֶצַח שֶׁבִּיסוֹד	yohm oosh·lo·sheem teesh·ah ha·yohm הַיּוֹם תִּשְׁעָה וּשְׁלֹשִׁים יוֹם, la·o·mehr ya·meem v'ar·ba·ah sha·vu·oht cha·mi·sha sheh·haym שֶׁהֵם חֲמִשָּׁה שָׁבוּעוֹת וְאַרְבָּעָה יָמִים לָעוֹמֶר.	Day #39	24th of Iyar כד אִיָּר	7 8
*הָרַחֲמָן... hod sheh·bee·sohd הוֹד שֶׁבִּיסוֹד	yohm ar·ba·eem ha·yohm הַיּוֹם אַרְבָּעִים יוֹם, la·o·mehr ya·meem va·cha·mi·sha sha·vu·oht cha·mi·sha sheh·haym שֶׁהֵם חֲמִשָּׁה שָׁבוּעוֹת וַחֲמִשָּׁה יָמִים לָעוֹמֶר.	Day #40	25th of Iyar כה אִיָּר	9 10
*הָרַחֲמָן... y'sohd sheh·bee·sohd יְסוֹד שֶׁבִּיסוֹד	yohm v'ar·ba·eem eh·chad ha·yohm הַיּוֹם אֶחָד וְאַרְבָּעִים יוֹם, la·o·mehr ya·meem v'shi·sha sha·vu·oht cha·mi·sha sheh·haym שֶׁהֵם חֲמִשָּׁה שָׁבוּעוֹת וְשִׁשָּׁה יָמִים לָעוֹמֶר.	Day #41	26th of Iyar כו אִיָּר	11 12
*הָרַחֲמָן... mal·choot sheh·bee·sohd מַלְכוּת שֶׁבִּיסוֹד	yohm v'ar·ba·eem sh'na·yeem ha·yohm הַיּוֹם שְׁנַיִם וְאַרְבָּעִים יוֹם, la·o·mehr sha·vu·oht shi·sha sheh·haym שֶׁהֵם שִׁשָּׁה שָׁבוּעוֹת לָעוֹמֶר.	Day #42	27th of Iyar כז אִיָּר	13 14

| מַלְכוּת
kingship | יְסוֹד
foundation | הוֹד
glory | נֶצַח
victory | תִּפְאֶרֶת
beauty | גְּבוּרָה
strength | חֶסֶד
kindness |

*Return to page 88, line 5 for "...הָרַחֲמָן."

Week #7

Day #43 — 28th of Iyar — כח אִיָּר

yohm v'ar·ba·eem sh'lo·sha ha·yohm
1 הַיּוֹם שְׁלֹשָׁה וְאַרְבָּעִים יוֹם,
la·o·mehr eh·chad v'yohm sha·vu·oht shi·sha sheh·haym
2 שֶׁהֵם שִׁשָּׁה שָׁבוּעוֹת וְיוֹם אֶחָד לָעוֹמֶר.

*הָרַחֲמָן...
che·sed sheh·b'mal·choot
חֶסֶד שֶׁבְּמַלְכוּת

Day #44 — 29th of Iyar — כט אִיָּר

yohm v'ar·ba·eem ar·ba·ah ha·yohm
3 הַיּוֹם אַרְבָּעָה וְאַרְבָּעִים יוֹם,
la·o·mehr ya·meem oosh·nay sha·vu·oht shi·sha sheh·haym
4 שֶׁהֵם שִׁשָּׁה שָׁבוּעוֹת וּשְׁנֵי יָמִים לָעוֹמֶר.

*הָרַחֲמָן...
g'vu·ra sheh·b'mal·choot
גְּבוּרָה שֶׁבְּמַלְכוּת

Day #45 — 1st of Sivan — א סִיוָן

yohm v'ar·ba·eem cha·mi·sha ha·yohm
5 הַיּוֹם חֲמִשָּׁה וְאַרְבָּעִים יוֹם,
la·o·mehr ya·meem oosh·lo·sha sha·vu·oht shi·sha sheh·haym
6 שֶׁהֵם שִׁשָּׁה שָׁבוּעוֹת וּשְׁלֹשָׁה יָמִים לָעוֹמֶר.

*הָרַחֲמָן...
teef·eh·ret sheh·b'mal·choot
תִּפְאֶרֶת שֶׁבְּמַלְכוּת

Day #46 — 2nd of Sivan — ב סִיוָן

yohm v'ar·ba·eem shi·sha ha·yohm
7 הַיּוֹם שִׁשָּׁה וְאַרְבָּעִים יוֹם,
la·o·mehr ya·meem v'ar·ba·ah sha·vu·oht shi·sha sheh·haym
8 שֶׁהֵם שִׁשָּׁה שָׁבוּעוֹת וְאַרְבָּעָה יָמִים לָעוֹמֶר.

*הָרַחֲמָן...
ne·tzach sheh·b'mal·choot
נֶצַח שֶׁבְּמַלְכוּת

Day #47 — 3rd of Sivan — ג סִיוָן

yohm v'ar·ba·eem sheev·ah ha·yohm
9 הַיּוֹם שִׁבְעָה וְאַרְבָּעִים יוֹם,
la·o·mehr ya·meem va·cha·mi·sha sha·vu·oht shi·sha sheh·haym
10 שֶׁהֵם שִׁשָּׁה שָׁבוּעוֹת וַחֲמִשָּׁה יָמִים לָעוֹמֶר.

*הָרַחֲמָן...
hod sheh·b'mal·choot
הוֹד שֶׁבְּמַלְכוּת

Day #48 — 4th of Sivan — ד סִיוָן

yohm v'ar·ba·eem sh'mo·na ha·yohm
11 הַיּוֹם שְׁמוֹנָה וְאַרְבָּעִים יוֹם,
la·o·mehr ya·meem v'shi·sha sha·vu·oht shi·sha sheh·haym
12 שֶׁהֵם שִׁשָּׁה שָׁבוּעוֹת וְשִׁשָּׁה יָמִים לָעוֹמֶר.

*הָרַחֲמָן...
y'sohd sheh·b'mal·choot
יְסוֹד שֶׁבְּמַלְכוּת

Day #49 — 5th of Sivan — ה סִיוָן — Erev Shavuot — עֶרֶב שָׁבוּעוֹת

yohm v'ar·ba·eem teesh·ah ha·yohm
13 הַיּוֹם תִּשְׁעָה וְאַרְבָּעִים יוֹם,
la·o·mehr sha·vu·oht sheev·ah sheh·haym
14 שֶׁהֵם שִׁבְעָה שָׁבוּעוֹת לָעוֹמֶר.

*הָרַחֲמָן...
mal·choot sheh·b'mal·choot
מַלְכוּת שֶׁבְּמַלְכוּת

מַלְכוּת	יְסוֹד	הוֹד	נֶצַח	תִּפְאֶרֶת	גְּבוּרָה	חֶסֶד
kingship	foundation	glory	victory	beauty	strength	kindness

*Return to page 88, line 5 for "...הָרַחֲמָן."

Here is your very own *Sefirat Ha'Omer* chart. Please copy this chart and post it in a noticeable place (fridge or desk etc.) and use it as your personal reminder for counting the *sefirah*!

If you can laminate it, you can use an erasable marker or cute stickers to mark off the dates you've already counted the *sefirah*.

Please ask your teacher or parent to make copies of the *sefirah* chart, and share them with your family and friends! This way, you are helping others do a *mitzvah*!

בס"ד

SEFIRAT HA'OMER CHART

NAME ________________ FOR YEAR ____________

AND YOU SHALL COUNT FOR YOURSELVES FROM THE DAY AFTER THE HOLIDAY (PESACH)... SEVEN COMPLETE WEEKS THEY SHALL BE.

וּסְפַרְתֶּם לָכֶם מִמָּחֳרַת הַשַּׁבָּת...
שֶׁבַע שַׁבָּתוֹת תְּמִימֹת תִּהְיֶינָה (וַיִּקְרָא כג: טו)

EACH NIGHT, COUNT THE *SEFIRAH* FOR THE NEXT DAY.

WEEK #	S M W F	M T TH SH	S T W F	M W TH SH	S T TH F	M W F SH	S T TH SH
❶	1	2	3	4	5	6	7
❷	8	9	10	11	12	13	14
❸	15	16	17	18	19	20	21
❹	22	23	24	25	26	27	28
❺	29	30	31	32	33	34	35
❻	36	37	38	39	40	41	42
❼	43	44	45	46	47	48	49
	ת	וֹ	ע	וּ	ב	שָׁ	

© Rabbi C.B. Alevsky, ToolsForTorah.com 5772/2012

Brachot for Food
with some Bentching

The rest of the Bentching and all related blessings are in the other editions of My Siddur

The music numbers 02 are from Bentching Trax II.
This edition has just a few of the Bentching Trax, so the numbers skip around.

My Siddur | Brachot for Food

BRACHOT FOR FOOD — Blessings for food and drink.

Before we eat or drink anything – even the smallest bite or sip – we say a *bracha*. This helps us be aware that our food – and everything else – comes from Hashem.

Each category of food has its very own special *bracha*. This is a very general list of the foods and their *brachot*. For more details, check online for a list of food *brachot*.

For *Challah* and all kinds of bread, we first wash our hands using a large washing cup, three times on the right and then three times on the left.

We raise our hands, rub them together and say:

1. Ba·ruch A·ta Adonai Elohaynu Meh·lech ha·o·lahm
   בָּרוּךְ אַתָּה יְיָ, אֱלֹהֵינוּ, מֶלֶךְ הָעוֹלָם,

2. ah·sher ki·d'sha·nu b'meetz·vo·tav v'tzi·va·nu al n'ti·laht ya·da·yeem
   אֲשֶׁר קִדְּשָׁנוּ בְּמִצְוֹתָיו, וְצִוָּנוּ עַל נְטִילַת יָדָיִם.

We then dry our hands and say the *bracha* for the *Challah* or bread:

3. Ba·ruch A·ta Adonai Elohaynu Meh·lech ha·o·lahm
   בָּרוּךְ אַתָּה יְיָ, אֱלֹהֵינוּ, מֶלֶךְ הָעוֹלָם,

4. ha·mo·tzi le·chem meen ha·ah·retz
   הַמּוֹצִיא לֶחֶם מִן הָאָרֶץ.

   … for providing us with **bread**

Bread (or *Challah*) is considered the main/important food of a meal. Wine (and grape juice) is considered the main/important drink of all drinks. The *Hamotzi bracha* for bread includes all foods, and the *Hagafen bracha* for wine includes all other drinks. Simply speaking: when eating a meal with bread, we do not recite any food blessings, other than the initial *Hamotzi bracha*, during that meal. Similarly, when drinking wine or grape juice, we do not bless over other drinks once we have recited the *Hagafen bracha*.

For wine and grape juice:

ha·ga·fen p'ri bo·ray ha·o·lahm Meh·lech Elohaynu Adonai A·ta Ba·ruch

1 בָּרוּךְ אַתָּה יְיָ, אֱלֹהֵינוּ, מֶלֶךְ הָעוֹלָם, בּוֹרֵא פְּרִי הַגָּפֶן.

... Who creates the **fruit of the grapevine**

For pastries, pasta, and other foods that contain flour:

m'zo·noht mi·nay bo·ray ha·o·lahm Meh·lech Elohaynu Adonai A·ta Ba·ruch

2 בָּרוּךְ אַתָּה יְיָ, אֱלֹהֵינוּ, מֶלֶךְ הָעוֹלָם, בּוֹרֵא מִינֵי מְזוֹנוֹת.

... Who creates **all kinds of foods**/pastries

For the fruits of the tree (including nuts and berries, except for bananas):

ha·aytz p'ri bo·ray ha·o·lahm Meh·lech Elohaynu Adonai A·ta Ba·ruch

3 בָּרוּךְ אַתָּה יְיָ, אֱלֹהֵינוּ, מֶלֶךְ הָעוֹלָם, בּוֹרֵא פְּרִי הָעֵץ.

... Who creates the **fruit of the tree**

For vegetables and all things that grow on the ground (including bananas):

ha·ah·da·ma p'ri bo·ray ha·o·lahm Meh·lech Elohaynu Adonai A·ta Ba·ruch

4 בָּרוּךְ אַתָּה יְיָ, אֱלֹהֵינוּ, מֶלֶךְ הָעוֹלָם, בּוֹרֵא פְּרִי הָאֲדָמָה.

... Who creates the **fruit of the earth**

For drinks, dairy, eggs, fish, meat, candy and just about everything else:

beed·va·ro neeh·ya sheh·ha·kol ha·o·lahm Meh·lech Elohaynu Adonai A·ta Ba·ruch

5 בָּרוּךְ אַתָּה יְיָ, אֱלֹהֵינוּ, מֶלֶךְ הָעוֹלָם, שֶׁהַכֹּל נִהְיָה בִּדְבָרוֹ.

... **everything** was created by His word

My Siddur | Some Bentching: Birkat Hamazon 100

HAZAN

Birkat Hamazon
After bread or Challah. (Only first paragraph here)

♫ 20

Ba·ruch A·ta Adonai Elohaynu Meh·lech ha·o·lahm
1 **בָּרוּךְ** אַתָּה יְיָ, אֱלֹהֵינוּ, מֶלֶךְ הָעוֹלָם,

ha·zan et ha·o·lahm ku·lo b'tu·vo b'chayn b'che·sed oov·ra·cha·meem
2 **הַזָּן אֶת הָעוֹלָם כֻּלּוֹ בְּטוּבוֹ, בְּחֵן, בְּחֶסֶד, וּבְרַחֲמִים.**

Hu no·tayn le·chem l'chol ba·sar ki l'o·lahm chas·doh
3 הוּא נוֹתֵן **לֶחֶם** לְכָל בָּשָׂר, כִּי לְעוֹלָם חַסְדּוֹ.

oov·tu·vo ha·ga·dol ee·ma·nu ta·meed lo cha·sayr la·nu
4 וּבְטוּבוֹ הַגָּדוֹל עִמָּנוּ תָּמִיד, לֹא חָסֵר לָנוּ,

v'al yech·sar la·nu ma·zone l'o·lahm va·ed ba·ah·vur Sh'mo ha·ga·dol
5 וְאַל יֶחְסַר לָנוּ מָזוֹן, לְעוֹלָם וָעֶד. בַּעֲבוּר שְׁמוֹ הַגָּדוֹל,

ki Hu Ayl zan oom·far·nays la·kol u·may·teev la·kol
6 כִּי הוּא אֵל זָן וּמְפַרְנֵס לַכֹּל, וּמֵטִיב לַכֹּל,

u·may·cheen ma·zone l'chol b'ri·yo·tav ah·sher ba·ra
7 **וּמֵכִין מָזוֹן לְכָל בְּרִיּוֹתָיו** אֲשֶׁר בָּרָא,

ka·ah·mur po·tay·ach et ya·deh·cha u·mas·bee·ah l'chol chai ra·tzon
8 כָּאָמוּר: פּוֹתֵחַ אֶת יָדֶךָ, וּמַשְׂבִּיעַ לְכָל חַי רָצוֹן.

Ba·ruch A·ta Adonai ha·zan et ha·kol
9 בָּרוּךְ אַתָּה יְיָ, הַזָּן אֶת הַכֹּל.

הַזָּן אֶת הָעוֹלָם כֻּלּוֹ	בְּטוּבוֹ	בְּחֵן בְּחֶסֶד וּבְרַחֲמִים	לֶחֶם	וּמֵכִין מָזוֹן	לְכָל בְּרִיּוֹתָיו
feeds the whole world	goodness	grace, kindness and mercy	bread	He prepares food	for all creatures

My Siddur | Bracha Acharona: May'ayn Shalosh / Al Hamichya

AL HAMICHYA

May·ayn Shalosh / Al Hamichya
After certain grains, fruits, wine and grape juice.

1. בָּרוּךְ אַתָּה יְיָ, אֱלֹהֵינוּ, מֶלֶךְ הָעוֹלָם,
   Ba·ruch A·ta Adonai Elohaynu Meh·lech ha·o·lahm

Type of Food	Start With
The Five Grains	2. עַל הַמִּחְיָה וְעַל הַכַּלְכָּלָה al ha·meech·ya v'al ha·kal·ka·la
Wine or Grape Juice	3. עַל הַגֶּפֶן וְעַל פְּרִי הַגֶּפֶן al ha·ge·fen v'al p'ri ha·ge·fen
The Fruits of Israel	4. עַל הָעֵץ וְעַל פְּרִי הָעֵץ al ha·aytz v'al p'ri ha·aytz

5. וְעַל תְּנוּבַת הַשָּׂדֶה,
   v'al t'nu·vaht ha·sa·deh

6. וְעַל אֶרֶץ חֶמְדָּה טוֹבָה וּרְחָבָה,
   v'al eh·retz chem·da toh·va oor·cha·va

7. שֶׁרָצִיתָ וְהִנְחַלְתָּ לַאֲבוֹתֵינוּ,
   sheh·ra·tzi·ta v'heen·chal·ta la·ah·vo·tay·nu

8. לֶאֱכוֹל מִפִּרְיָהּ וְלִשְׂבּוֹעַ מִטּוּבָהּ.
   le·eh·chol mi·peer·yah v'lees·bo·ah mi·tu·vah

הַמִּחְיָה	פְּרִי הַגֶּפֶן	פְּרִי הָעֵץ
sustenance	fruit of the vine	fruit of the tree

My Siddur | Bracha Acharona: May'ayn Shalosh / Al Hamichya 102

ra·chem na Adonai Elohaynu

1 רַחֵם נָא, יְיָ אֱלֹהֵינוּ,

al Yisrael a·meh·cha v'al Y'ru·sha·la·yeem ee·reh·cha

2 עַל יִשְׂרָאֵל עַמֶּךָ, וְעַל יְרוּשָׁלַיִם עִירֶךָ,

v'al tzi·yohn meesh·kan k'vo·deh·cha v'al meez·b'che·cha v'al hay·cha·le·cha

3 וְעַל צִיּוֹן מִשְׁכַּן כְּבוֹדֶךָ, וְעַל מִזְבְּחֶךָ, וְעַל הֵיכָלֶךָ.

oov·nay Y'ru·sha·la·yeem eer ha·ko·desh beem·hay·ra v'ya·may·nu

4 וּבְנֵה יְרוּשָׁלַיִם עִיר הַקֹּדֶשׁ בִּמְהֵרָה בְיָמֵינוּ,

v'ha·ah·lay·nu l'toh·chah v'sa·m'chay·nu vah

5 וְהַעֲלֵנוּ לְתוֹכָהּ, וְשַׂמְּחֵנוּ בָּהּ,

oon·va·reh·ch'cha beek·du·sha oov·ta·ho·ra

6 וּנְבָרֶכְךָ בִּקְדֻשָּׁה וּבְטָהֳרָה.

7 On *Shabbat* add: oor·tzay v'ha·cha·li·tzay·nu b'yohm ha·Shabbat ha·zeh
וּרְצֵה וְהַחֲלִיצֵנוּ בְּיוֹם הַשַּׁבָּת הַזֶּה.

8 On *Rosh Chodesh* add: v'zoch·ray·nu l'toh·va b'yohm rosh ha·cho·desh ha·zeh
וְזָכְרֵנוּ לְטוֹבָה בְּיוֹם רֹאשׁ הַחֹדֶשׁ הַזֶּה.

9 On *Rosh Hashana* add: v'zoch·ray·nu l'toh·va b'yohm ha·zi·ka·rohn ha·zeh
וְזָכְרֵנוּ לְטוֹבָה בְּיוֹם הַזִּכָּרוֹן הַזֶּה.

10 On *Pesach* add: v'zoch·ray·nu l'toh·va b'yohm chag ha·ma·tzot ha·zeh
וְזָכְרֵנוּ לְטוֹבָה בְּיוֹם חַג הַמַּצּוֹת הַזֶּה.

11 On *Shavuot* add: v'zoch·ray·nu l'toh·va b'yohm chag ha·sha·vu·oht ha·zeh
וְזָכְרֵנוּ לְטוֹבָה בְּיוֹם חַג הַשָּׁבֻעוֹת הַזֶּה.

12 On *Sukkot* add: v'zoch·ray·nu l'toh·va b'yohm chag ha·su·kot ha·zeh
וְזָכְרֵנוּ לְטוֹבָה בְּיוֹם חַג הַסֻּכּוֹת הַזֶּה.

13 On *Shemini Atzeret* and *Simchat Torah*: v'zoch·ray·nu l'toh·va b'yohm sh'mi·ni ah·tzeh·ret ha·chag ha·zeh
וְזָכְרֵנוּ לְטוֹבָה בְּיוֹם שְׁמִינִי עֲצֶרֶת הַחַג הַזֶּה.

וּנְבָרֶכְךָ
we will bless You

l'cha v'no·deh la·kol u·may·teev tov Adonai A·ta ki

1 כִּי אַתָּה יְיָ טוֹב וּמֵטִיב לַכֹּל, וְנוֹדֶה לְּךָ...

For the Five Grains

ha·meech·ya v'al ha·ah·retz al

2 ...עַל הָאָרֶץ וְעַל הַמִּחְיָה.

ha·meech·ya v'al ha·ah·retz al Adonai A·ta Ba·ruch

3 בָּרוּךְ אַתָּה יְיָ, עַל הָאָרֶץ וְעַל הַמִּחְיָה.

For Wine or Grape Juice

ha·ga·fen p'ri v'al ha·ah·retz al

4 ...עַל הָאָרֶץ וְעַל פְּרִי הַגָּפֶן.

ha·ga·fen p'ri v'al ha·ah·retz al Adonai A·ta Ba·ruch

5 בָּרוּךְ אַתָּה יְיָ, עַל הָאָרֶץ וְעַל פְּרִי הַגָּפֶן.

For the Special Fruits of Israel

ha·pay·roht v'al ha·ah·retz al

6 ...עַל הָאָרֶץ וְעַל הַפֵּרוֹת.

ha·pay·roht v'al ha·ah·retz al Adonai A·ta Ba·ruch

7 בָּרוּךְ אַתָּה יְיָ, עַל הָאָרֶץ וְעַל הַפֵּרוֹת.

הַפֵּרוֹת	פְּרִי הַגָּפֶן	הַמִּחְיָה	עַל הָאָרֶץ	וְנוֹדֶה לְּךָ
fruit of the tree	fruit of the vine	sustenance	for the land	we will thank You

My Siddur | Bracha Acharona: Borei Nefashot 104

Borei Nefashot

After all other food and drink.

ha·o·lahm Meh·lech Elohaynu Adonai A·ta Ba·ruch
1 בָּרוּךְ אַתָּה יְיָ, אֱלֹהֵינוּ, מֶלֶךְ הָעוֹלָם,

v'ches·ro·nan ra·boht n'fa·shoht bo·ray
2 בּוֹרֵא נְפָשׁוֹת רַבּוֹת, וְחֶסְרוֹנָן,

sheh·ba·ra·ta ma kol al
3 עַל כֹּל מַה שֶּׁבָּרָאתָ,

chai kol ne·fesh ba·hem l'ha·cha·yoht
4 לְהַחֲיוֹת בָּהֶם נֶפֶשׁ כָּל חָי,

ha·o·la·meem chay Ba·ruch
5 בָּרוּךְ חֵי הָעוֹלָמִים.

בָּרוּךְ חֵי הָעוֹלָמִים
Blessed is the Life of the worlds

Brich Rachamana

A short Birkat Hamazon for young children to recite after eating bread.

pi·ta d'hai ma·ra d'al·ma Mal·ka Elahana Ra·cha·ma·na B'reech
6 בְּרִיךְ רַחֲמָנָא, אֱלָהָנָא, מַלְכָּא דְעָלְמָא, מָרָא דְהַאי פִּיתָּא.

בְּרִיךְ	רַחֲמָנָא	אֱ-לָקָנָא	מָרָא דְהַאי פִּיתָּא
Blessed is	the Merciful One	our G-d	Master of this bread

The 12 Pesukim

My Siddur | 12 Pesukim 106

12 Pesukim

12 key ideas for every Jewish boy and girl
to live by, study and memorize.

1. The Torah is really mine.

Moshe la·nu tzi·va Torah
1 תּוֹרָה צִוָּה לָנוּ מֹשֶׁה, ♫ 82

Ya·ah·kov k'hee·laht mo·ra·sha
2 מוֹרָשָׁה קְהִלַּת יַעֲקֹב.

The Torah that Moshe commanded us is our inheritance.

2. Hashem is One, always and everywhere in time, place and beyond.

Yisrael sh'ma
3 שְׁמַע יִשְׂרָאֵל, ♫ 83

Eh·chad Adonai Elohaynu Adonai
4 יְיָ אֱלֹהֵינוּ, יְיָ אֶחָד.

Hear O Israel, Hashem is our G-d, Hashem is One.

3. WE ARE ALWAYS ON THE JOURNEY TO A BETTER PLACE.

1. בְּכָל דוֹר וָדוֹר,
   b'chol dor va·dor

2. חַיָּב אָדָם לִרְאוֹת אֶת עַצְמוֹ,
   cha·yav ah·dahm leer·oht et atz·mo

3. כְּאִלּוּ הוּא יָצָא מִמִּצְרָיִם.
   k'eelu hu ya·tza mi·meetz·ra·yeem

In every generation a person must consider him/herself as if s/he personally left Egypt.

4. HASHEM IS PROUD OF US.

4. כָּל יִשְׂרָאֵל, יֵשׁ לָהֶם חֵלֶק לְעוֹלָם הַבָּא,
   kol Yisrael yaysh la·hem chay·lek l'o·lahm ha·ba

5. שֶׁנֶּאֱמַר: וְעַמֵּךְ כֻּלָּם צַדִּיקִים,
   sheh·ne·eh·mar v'a·maych ku·lahm tza·dee·keem

6. לְעוֹלָם יִירְשׁוּ אָרֶץ,
   l'o·lahm yi·r'shu a·retz

7. נֵצֶר מַטָּעַי, מַעֲשֵׂה יָדַי, לְהִתְפָּאֵר.
   nay·tzer ma·ta·ai ma·ah·say ya·dai l'heet·pa·ayr

Every Jew has a portion in the World to Come, as it says,
"And your nation are all righteous; they will inherit the land forever.
They are the branch of My planting, the creation of My hands, in which I take pride."

5. Yes, we can!

♫ 86

m'ohd ha·da·var ay·le·cha ka·rov ki

1 כִּי קָרוֹב אֵלֶיךָ הַדָּבָר מְאֹד,

la·ah·so·toh u·veel·va·v'cha b'fee·cha

2 בְּפִיךָ וּבִלְבָבְ*ךָ לַעֲשֹׂתוֹ.

For the thing (Torah & *mitzvot*) is very near to you (easy),
in your mouth (speech) and heart (feelings) to do it (action).

6. Hashem knows everything… (and wants you to succeed!)

♫ 87

ah·lav ni·tzav Hashem v'hee·nay

3 וְהִנֵּה ה׳ נִצָּב עָלָיו,

k'vo·doh ha·ah·retz chol oom·lo

4 וּמְלֹא כָל הָאָרֶץ כְּבוֹדוֹ,

va·layv k'la·yoht u·vo·chayn ah·lav u·ma·beet

5 וּמַבִּיט עָלָיו, וּבוֹחֵן כְּלָיוֹת וָלֵב,

ka·ra·uy o·v'doh eem

6 אִם עוֹבְ*דוֹ כָּרָאוּי.

Hashem is standing over me; His glory fills the world. Hashem is looking at me, examining my mind and heart, [verifying that] I am serving Him properly.

7. Hashem created everything - for a purpose.

♫ 88

Eloheem ba·ra b'ray·sheet

בְּרֵאשִׁית בָּרָא אֱלֹהִים,

ha·ah·retz v'ait ha·sha·ma·yeem ait

אֵת הַשָּׁמַיִם וְאֵת הָאָרֶץ.

In the beginning, Hashem created the heavens and the earth (everything).

8. Learn and teach Torah: always, everywhere.

♫ 89

bahm v'dee·bar·ta l'va·ne·cha v'shi·nan·tahm

וְשִׁנַּנְתָּם לְבָנֶיךָ, וְדִבַּרְתָּ בָּם,

va·deh·rech oov·lech·t'cha b'vay·teh·cha b'sheev·t'cha

בְּשִׁבְתְּךָ בְּבֵיתֶךָ, וּבְלֶכְתְּךָ בַדֶּרֶךְ,

oov·ku·meh·cha oov·shoch·b'cha

וּבְשָׁכְבְּךָ, וּבְקוּמֶךָ.

And you shall teach them (the words of Torah) to your children;
while at home and on the road, in the morning and in the evening.

9. REAL EFFORTS PRODUCE REAL RESULTS.

1. יָגַעְתִּי וְלֹא מָצָאתִי אַל תַּאֲמִין,
   ya·ga·ti v'lo ma·tza·ti al ta·ah·meen

2. לֹא יָגַעְתִּי וּמָצָאתִי אַל תַּאֲמִין,
   lo ya·ga·ti u·ma·tza·ti al ta·ah·meen

3. יָגַעְתִּי וּמָצָאתִי תַּאֲמִין!
   ya·ga·ti u·ma·tza·ti ta·ah·meen

"I tried but did not succeed" - not true.
"I didn't (even) try but I succeeded" - not true.
"I tried and succeeded:" True!

10. LOVE YOUR FELLOW AS YOURSELF.

4. וְאָהַבְתָּ לְרֵעֲךָ כָּמוֹךָ,
   v'a·hav·ta l'ray·ah·cha ka·mo·cha

5. רַבִּי עֲקִיבָא אוֹמֵר, זֶה כְּלָל גָּדוֹל בַּתּוֹרָה.
   ra·bee A·ki·va o·mayr zeh k'lal ga·dol ba·Torah

Love your fellow as yourself.
Rabbi Akiva says, "This is a great principle of the Torah."

11. Make Hashem comfortable in this world: make this world a better place.

♫ 92

v'zeh · kol · ha·ah·dahm · v'tach·leet · b'ri·ah·toh

וְזֶה כָּל הָאָדָם, וְתַכְלִית בְּרִיאָתוֹ,

oov·ri·aht · kol · ha·o·la·moht · el·yo·neem · v'tach·toh·neem

וּבְרִיאַת כָּל הָעוֹלָמוֹת, עֶלְיוֹנִים וְתַחְתּוֹנִים,

leeh·yoht · lo · dee·ra · zu · b'tach·toh·neem

לִהְיוֹת לוֹ דִירָה זוּ בְּתַחְתּוֹנִים.

The whole purpose of mankind and all of creation is for there to be a dwelling place (home) for Hashem, in this lower (physical) world.

12. We make Hashem happy when we improve. So let's rejoice!

♫ 93

yees·mach · Yisrael · b'o·sav

יִשְׂמַח יִשְׂרָאֵל בְּעֹשָׂיו,

pay·roosh · sheh·kol · mi · sheh·hu · mi·zeh·ra · Yisrael

פֵּירוּשׁ, שֶׁכָּל מִי שֶׁהוּא מִזֶּרַע יִשְׂרָאֵל,

yaysh · lo · lees·mo·ach · b'seem·chaht · Hashem

יֵשׁ לוֹ לִשְׂמוֹחַ בְּשִׂמְחַת ה',

ah·sher · sas · v'sa·may·ach · b'dee·ra·toh · b'tach·toh·neem

אֲשֶׁר שָׂשׂ וְשָׂמֵחַ, בְּדִירָתוֹ בְּתַחְתּוֹנִים.

"Israel should rejoice with its Creator (we should rejoice with Hashem)."
This means: Every Jew should rejoice in Hashem's joy,
as He rejoices in His home [here, on earth] below.

About the CD Trax Series

Many of the prayers overlap in all the various editions of My Siddur. Some of the Shabbat prayers are recited during the weekdays. Each edition of My Siddur has bits of "other" prayers, i.e. the "Weekday Edition" has a taste of Shabbat and Bentching, the "Weekday Holiday Edition" has a mini Shabbat section, etc. etc.

The CD - Audio Challenge

At this time, an audio CD holds just 70 minutes of audio. This created a real challenge for us to present all the audio of each section on one CD, in the order they appear in the Siddur. After much deliberation, this is what we came up with:

Each prayer section has its own CD.

Generally, each prayer is found on only one of the CDs, even though it is recited in multiple prayers. The Shabbat prayers that are also recited on weekdays, are found only on the weekday Tefila Trax and noted in the Shabbat sections with the unique, Tefila Trax music icon. (Therefore, the Shabbat Day Trax and music icons begin later in the Siddur (along with a few weekday prayers I could not fit into the weekday trax).

The musical icon in the Siddur notes the specific CD where that prayer is found.

1. Weekday Prayers: Tefilah Trax
2. Bentching and Shabbat Kiddush: Bentching Trax
3. Friday Night Prayers: Kabalat Shabbat Trax
4. Shabbat Day Prayers: Shabbat Day Trax
5. Holiday Prayers: Holiday Trax

Also, due to the 70 minute limit on the audio CD, only the first line or few lines of many of the prayers have made it onto the CD.

MP3 Download in order of prayers

This CD time limit is limited to the CD… but not to MP3 downloads!
All the prayer tracks are also available for download in the order of the prayers in the Siddurim - in MP3 tracks. You can download the audio CD and MP3s on ToolsforTorah.com

See the complete list of CD trax and prayers in the following pages.

Tefila Trax

Intro	01
Aleph Bet | אָלֶף-בֵּית	02
Vowels | הַנְּקֻדּוֹת	03
Practice Page	04
בִּרְכוֹת הַשַּׁחַר Morning Blessings	
Modeh Ani | מוֹדֶה אֲנִי	05
Netilat Yadayim | נְטִילַת יָדַיִם	06
Asher Yotzar | אֲשֶׁר יָצַר	07
Elokai Neshama | אֱ-לֹקַי נְשָׁמָה	08
Birchot HaShachar | בִּרְכוֹת הַשַּׁחַר	09
Hama'avir Shayna | הַמַּעֲבִיר שֵׁנָה	10
Yehi Ratzon | יְהִי רָצוֹן	11
Birchot HaTorah | בִּרְכוֹת הַתּוֹרָה	12
Asher Bachar Banu | אֲשֶׁר בָּחַר בָּנוּ	13
Birkat Kohanim | בִּרְכַּת כֹּהֲנִים	14
Birchot HaTorah | בִּרְכוֹת הַתּוֹרָה	15
Eilu Devarim | אֵלּוּ דְבָרִים	16
Al Mitzvat Tzitzit | עַל מִצְוַת צִיצִית	17
שַׁחֲרִית לְחוֹל Weekday Morning Prayers	
Talit | הַלְבָּשַׁת טַלִּית	18
Tefilin | הַנָּחַת תְּפִילִּין	19
Hareini Mekabel | הֲרֵינִי מְקַבֵּל	20
Ma Tovu | מַה טֹּבוּ	21
Adon Olam | אֲדוֹן עוֹלָם	22
פְּסוּקֵי דְזִמְרָה Verses of Praise	
Hashem Melech | ה׳ מֶלֶךְ	23
L'sheim Yichud | לְשֵׁם יִחוּד	24
Baruch She'Amar | בָּרוּךְ שֶׁאָמַר	25
Ashrei | אַשְׁרֵי	26
Halelukah: Halelu Keil | הַלְלוּיָ-הּ הַלְלוּ אֵ-ל	27
Vayosha | וַיּוֹשַׁע	28
Yishtabach | יִשְׁתַּבַּח	29

בִּרְכוֹת קְרִיאַת שְׁמַע Blessings of Shema	
Yotzer Or | יוֹצֵר אוֹר	30
Kadosh/Baruch | קָדוֹשׁ\בָּרוּךְ	31
La-Keil Baruch | לָאֵ-ל בָּרוּךְ	32
Ahavat Olam | אַהֲבַת עוֹלָם	33
Shema שְׁמַע	
Shema | שְׁמַע	34
V'ahavta | וְאָהַבְתָּ	35
V'haya | וְהָיָה	36
Vayomer | וַיֹּאמֶר	37
Mi Chamocha | מִי כָמֹכָה	38
עֲמִידָה\שְׁמוֹנֶה עֶשְׂרֵה Amida/Sh'moneh Esrei	
#1 Magen Avraham | מָגֵן אַבְרָהָם	39
#2 Ata Gibor | אַתָּה גִּבּוֹר	40
#3 Ata Kadosh | אַתָּה קָדוֹשׁ	41
#4 Ata Chonein | אַתָּה חוֹנֵן	42
#5 Hashiveinu | הֲשִׁיבֵנוּ	43
#6 Selach Lanu | סְלַח לָנוּ	44
#7 Re'ei Na | רְאֵה נָא	45
#8 Refa'einu | רְפָאֵנוּ	46
#9 Bareich Aleinu | בָּרֵךְ עָלֵינוּ	47
#10 T'kah | תְּקַע	48
#11 Hashiva | הָשִׁיבָה	49
#12 V'lamalshinim | וְלַמַּלְשִׁינִים	50
#13 Al Hatzadikim | עַל הַצַּדִּיקִים	51
#14 V'lirushalayim | וְלִירוּשָׁלַיִם	52
#15 Et Tzemach | אֶת צֶמַח	53
#16 Shema Koleinu | שְׁמַע קוֹלֵנוּ	54
#17 R'tzay | רְצֵה	55
V'techezena | וְתֶחֱזֶינָה	56
#18 Modim | מוֹדִים	57
V'al Kulam | וְעַל כֻּלָּם	58
#19 Sim Shalom | שִׂים שָׁלוֹם	59
Yeeh'yu l'Ratzon | יִהְיוּ לְרָצוֹן	60
Elokai N'tzor | אֱ-לֹקַי נְצוֹר	61
Oseh Shalom | עֹשֶׂה שָׁלוֹם	62

סוֹף הַתְּפִילָּה **Concluding Prayers**	
Lam'natzeiach | לַמְנַצֵּחַ	63
Shir Shel Yom | שִׁיר שֶׁל יוֹם	64
Ein kElokeinu | אֵין כֵּא-לֹקֵינוּ	65
Aleinu | עָלֵינוּ	66
V'al Kayn | וְעַל כֵּן	67
V'ne'emar | וְנֶאֱמַר	68
Al Tira | אַל תִּירָא	69
Kaddish | קַדִּישׁ	70-78
Traveler's Prayer | תְּפִילַּת הַדֶּרֶךְ	79
Bedtime Shema | קְרִיאַת שְׁמַע עַל הַמִּטָּה	80
Hamapil | הַמַּפִּיל	81
The 12 Pesukim	82-93

♫ 10

Holiday Trax

חַגִּים **General Holiday Section**	
Holiday Trax Intro	01
Ya'ale V'yavo | יַעֲלֶה וְיָבֹא	02
Hallel Blessing | הַלֵּל	03
Halelukah | הַלְלוּיָ-הּ	04
B'tzeit | בְּצֵאת	05
Yevarech | יְבָרֵךְ	06
Halelu | הַלְלוּ	07
Hodu LaHashem | הוֹדוּ לַה׳	08
Min Hameitzar | מִן הַמֵּצַר	09
Pit'chu Li | פִּתְחוּ לִי	10
Ana Hashem | אָנָּא ה׳	11
Keili Ata | אֵ-לִי אַתָּה	12
Hodu | הוֹדוּ	13
Yehalelucha | יְהַלְלוּךָ	14
L'David Hashem Ori | לְדָוִד ה׳ אוֹרִי	15
Holiday Candle Lighting | הַדְלָקַת נֵרוֹת	16
Shehecheyanu | שֶׁהֶחֱיָנוּ	17
Holiday Eve Kiddush | קִידּוּשׁ לְשָׁלֹשׁ רְגָלִים	18
Saturday Night Havdalah Insert for Kiddush	19
Rosh Hashana Kiddush | קִידּוּשׁ לְרֹאשׁ הַשָּׁנָה	20
Apple in Honey | יְהִי רָצוֹן	21
Holiday Daytime Kiddush | קִדּוּשָׁא רַבָּא	22
יָמִים נוֹרָאִים **High Holy Days**	
Avinu Malkenu | אָבִינוּ מַלְכֵּנוּ	23
Unetaneh Tokef | וּנְתַנֶּה תֹּקֶף	24
Tashlich | תַּשְׁלִיךְ	25
13 Midot of Mercy | יג מִדּוֹת הָרַחֲמִים	26
Kol Nidrei | כָּל נִדְרֵי	27
V'nislach | וְנִסְלַח	28
Viduy: Ashamnu | וִידּוּי: אָשַׁמְנוּ	29
Viduy: Al Cheit | וִידּוּי: עַל חֵטְא	30
סֻכּוֹת **Sukkot**	
Leisheiv BaSukkah | לֵישֵׁב בַּסֻּכָּה	31
Al Netilat Lulav | עַל נְטִילַת לוּלָב	32
Shehecheyanu | שֶׁהֶחֱיָנוּ	33
חֲנֻכָּה **Chanukah**	
Menorah Blessing 1 | נֵר חֲנֻכָּה	34
Menorah Blessing 2 | שֶׁעָשָׂה נִסִּים	35
Shehecheyanu | שֶׁהֶחֱיָנוּ	36
Haneirot Halalu | הַנֵּרוֹת הַלָּלוּ	37
Haneirot Halalu | הַנֵּרוֹת הַלָּלוּ	38
Ma'oz Tzur | מָעוֹז צוּר	39
V'al Hanisim | וְעַל הַנִּיסִּים	40
Chanukah | וְעַל הַנִּיסִּים לַחֲנֻכָּה	41
Purim | וְעַל הַנִּיסִּים לְפּוּרִים	42

Pesach פֶּסַח	
Burning the Chametz | עַל בִּעוּר חָמֵץ	43
Kol Chamira | כָּל חֲמִירָא	44
Kol Chamira | כָּל חֲמִירָא	45
Ma Nishtana | מַה נִּשְׁתַּנָּה	46
Sefirat Ha'Omer Blessing | סְפִירַת הָעוֹמֶר	47
Counting the Omer | הַיּוֹם	48
Harachaman | הָרַחֲמָן	49
Tree Blessing | בִּרְכַּת הָאִילָנוֹת	50

♫ 10

Kabalat Shabbat Trax	
Intro	01
Yedid Nefesh | יְדִיד נֶפֶשׁ	02
Shabbat Candle Lighting | נֵרוֹת שַׁבָּת	03
Welcoming Shabbat קַבָּלַת שַׁבָּת	
L'chu Neranena | לְכוּ נְרַנְּנָה	04-05
Psalm 96 | שִׁירוּ לַה׳	06-07
Psalm 97 | ה׳ מָלָךְ	08-09
Psalm 98 | מִזְמוֹר שִׁירוּ	10-11
Psalm 99 | ה׳ מָלָךְ	12-13
Mizmor L'David | מִזְמוֹר לְדָוִד	14-15
Ana B'Choach | אָנָּא בְּכֹחַ	16
L'cha Dodi | לְכָה דוֹדִי	17-19
Shamor | שָׁמוֹר	20
Likrat | לִקְרַאת	21
Mikdash | מִקְדַּשׁ	22
Hitna'ari | הִתְנַעֲרִי	23
Hitoreri | הִתְעוֹרְרִי	24
Lo Tevoshi | לֹא תֵבוֹשִׁי	25
V'hayu | וְהָיוּ לִמְשִׁסָּה	26
Yamin | יָמִין	27
Bo'ee | בּוֹאִי	28
Shir L'yom HaShabbat | שִׁיר לְיוֹם הַשַּׁבָּת	29
Hashem Malach | ה׳ מָלָךְ	30
K'gavna | כְּגַוְנָא	31
Raza d'Shabbat | רָזָא דְשַׁבָּת	32
Barchu | בָּרְכוּ	33

בִּרְכוֹת קְרִיאַת שְׁמַע וּשְׁמַע Blessings of Shema & Shema	
HaMa'riv Aravim | הַמַּעֲרִיב עֲרָבִים	34
Ahavat Olam | אַהֲבַת עוֹלָם	35
Shema | שְׁמַע	36
V'ahavta | וְאָהַבְתָּ	37-38
V'haya | וְהָיָ׳ה	39
Vayomer | וַיֹּאמֶר	40
Ve'emuna | וֶאֱמוּנָה	41
Mi Chamocha | מִי כָמֹכָה	42
Hashkivenu | הַשְׁכִּיבֵנוּ	43
עֲמִידָה: עַרְבִית לְלֵיל שַׁבָּת Amida for Friday Night Arvit	
#1 Magen Avraham | מָגֵן אַבְרָהָם	44
#2 Ata Gibor | אַתָּה גִּבּוֹר	45
#3 Ata Kadosh | אַתָּה קָדוֹשׁ	46
Ata Kidashta | אַתָּה קִדַּשְׁתָּ	47
Vayechulu | וַיְכֻלּוּ	48
Yismechu | יִשְׂמְחוּ	49
#4 Elokeinu: R'tzay Na | אֱ-לֹקֵינוּ: רְצֵה נָא	50
#5 R'tzay | רְצֵה	51
#6 Modim | מוֹדִים	52
V'al Kulam | וְעַל כֻּלָּם	53
#7 Sim Shalom | שִׂים שָׁלוֹם	54
Yeeh'yu l'Ratzon | יִהְיוּ לְרָצוֹן	55
Elokai Netzor | אֱ-לֹקַי נְצוֹר	56
Oseh Shalom | עֹשֶׂה שָׁלוֹם	57
סוֹף תְּפִילַּת עַרְבִית לְלֵיל שַׁבָּת Concluding Friday Night Prayers	
Vayechulu | וַיְכֻלּוּ	58
Chazzan's Bracha | בְּרָכָה מֵעֵין שֶׁבַע	59
Magen Avot | מָגֵן אָבוֹת	60
Elokeinu: R'tzay Na | אֱ-לֹקֵינוּ: רְצֵה נָא	61
Hashem Ro-ee | מִזְמוֹר: ה׳ רֹעִי	62
Aleinu | עָלֵינוּ	63
V'al Kayn | וְעַל כֵּן	64-65
Al Tira | אַל תִּירָא	66

♫ 10

Shabbat Day Trax

שַׁחֲרִית לְיוֹם הַשַּׁבָּת **Shabbat Morning Shacharit**	
Intro	01
לַמְנַצֵּחַ - רַנְּנוּ צַדִּיקִים - לְדָוִד תְּפִלָּה לְמֹשֶׁה - יֹשֵׁב בְּסֵתֶר - מִזְמוֹר Psalm Samplings	02
Shir Lama'alot Esa | שִׁיר לַמַּעֲלוֹת אֶשָּׂא עֵינַי	03
שִׁיר הַמַּעֲלוֹת לְדָוִד - שִׁיר הַמַּעֲלוֹת אֵלֶיךָ שִׁיר הַמַּעֲלוֹת לְדָוִד - הַלְלוּיָ-הּ - הוֹדוּ לַה׳ Psalm Samplings	04
Hodu laHashem | הוֹדוּ לַה׳	05
Ha'aderet V'ha'emuna | הָאַדֶּרֶת וְהָאֱמוּנָה	06-07
Shir L'yom HaShabbat | שִׁיר לְיוֹם הַשַּׁבָּת	08
Hashem Malach | ה׳ מָלָךְ	09
הַלְלוּיָ-הּ: הַלְלִי - כִּי טוֹב - הַלְלוּ - שִׁירוּ Halelukah Psalm Samplings	10
בָּרוּךְ ה׳ לְעוֹלָם - וַיְבָרֶךְ דָּוִיד Samplings וְכָרוֹת - וַיּוֹשַׁע ה׳ - אָז יָשִׁיר -	11-13
Nishmat | נִשְׁמַת כָּל חַי	14
Samplings | הָאֵ-ל בְּתַעֲצֻמוֹת - שׁוֹכֵן עַד	15
Barchu | בָּרְכוּ	16
בִּרְכוֹת קְרִיאַת שְׁמַע **Blessings of Shema**	
Hakol Yoducha | הַכֹּל יוֹדוּךָ	17
Keil Adon | אֵ-ל אָדוֹן	18-19
Samplings | לָאֵ-ל - תִּתְבָּרֵךְ - אֶת שֵׁם	20-22
Ahavat Olam | אַהֲבַת עוֹלָם	23
Ezrat | עֶזְרַת	24
עֲמִידָה לְשַׁבָּת שַׁחֲרִית מוּסָף וּמִנְחָה **Amida: Shacharit, Musaf & Mincha**	
#1 Magen Avraham | מָגֵן אַבְרָהָם	25
#2 Ata Gibor | אַתָּה גִבּוֹר	26
#3 Ata Kadosh | אַתָּה קָדוֹשׁ	27
Shacharit: Yismach | שַׁחֲרִית: יִשְׂמַח מֹשֶׁה	28
V'shamru | וְשָׁמְרוּ	29
Shacharit: V'lo Netato | שַׁחֲרִית: וְלֹא נְתַתּוֹ	30

Yismechu | יִשְׂמְחוּ	31
#4 Elokeinu: R'tzay Na | אֱ-לֹקֵינוּ: רְצֵה נָא	32
#5 R'tzay | רְצֵה	33
#6 Modim | מוֹדִים	34
V'al Kulam | וְעַל כֻּלָּם	35
#7 Sim Shalom | שִׂים שָׁלוֹם	36
Yih'yu L'ratzon | יִהְיוּ לְרָצוֹן	37
Elokai Netzor | אֱ-לֹקַי נְצוֹר	38
Oseh Shalom | עֹשֶׂה שָׁלוֹם	39
Responses to Chazzan's לְחַזָרַת הַשַּׁ״ץ **Repetition of the Amida**	
Kedusha | קְדוּשָּׁה	40-43
Keter | כֶּתֶר	44-48
Modim d'Rabanan | מוֹדִים דְרַבָּנָן	49
Shir L'yom HaShabbat | שִׁיר לְיוֹם הַשַּׁבָּת	50-52
קְרִיאַת הַתּוֹרָה **Torah Reading**	
Ata Hor'eita | אַתָּה הָרְאֵתָ	53
Vayehi Binsoa | וַיְהִי בִּנְסֹעַ הָאָרֹן	54
B'rich Shmay | בְּרִיךְ שְׁמֵהּ	55
שְׁמַע - אֶחָד - גַּדְּלוּ — לְךָ Shema - Echad - Gadlu - L'Cha	56-57
Aliya Blessings | בִּרְכוֹת הַתּוֹרָה	58-60
Hagomel | בִּרְכַּת הַגּוֹמֵל	61
Lifting the Torah | הַגְבָּהַת הַתּוֹרָה	62-63
Haftarah Blessings | בִּרְכוֹת הַהַפְטָרָה	64-71
Yekum Purkan | יְקוּם פֻּרְקָן	72
Mi Sheberach | מִי שֶׁבֵּרַךְ	73
Blessing the New Month | בִּרְכַּת הַחוֹדֶשׁ	74-75
Av Harachamim | אָב הָרַחֲמִים	76
Yehalelu: Returning Torah | יְהַלְלוּ	77

♫ 10

Track	Bentching Trax
	בִּרְכוֹת הַנֶּהֱנִין **Food Brachot**
01-02	Intro
03	Washing for Bread | נְטִילַת יָדַיִם
04	Hamotzi | הַמּוֹצִיא
05	Hagafen | הַגָּפֶן
06	Mezonot | מְזוֹנוֹת
07	Ha·eitz | הָעֵץ
08	Ha'adama | הָאֲדָמָה
09	Shehakol | שֶׁהַכֹּל
	בְּרָכָה אַחֲרוֹנָה **After Blessings**
10	Intro
11-13	Shir Hama'alot | שִׁיר הַמַּעֲלוֹת
14	Livnei Korach | לִבְנֵי קֹרַח
15	Al Naharot | עַל נַהֲרוֹת
16	Lam'natzeiach Binginot | לַמְנַצֵּחַ בִּנְגִינֹת
17	Avarcha | אֲבָרְכָה
18	Mayim Acharonim | מַיִם אַחֲרֹנִים
19	Zimun | זִימּוּן
20	Hazan et Hakol | הַזָּן אֶת הַכֹּל
21	Nodeh | נוֹדֶה
22	V'al Hakol | וְעַל הַכֹּל
23	Racheim | רַחֵם
24	Uvenei | וּבְנֵה
25	Hatov V'hameitiv | הַטּוֹב וְהַמֵּטִיב
26	Harachaman: Yeemloch | הָרַחֲמָן: יִמְלוֹךְ
27	הָרַחֲמָן: אֵלִיָּהוּ הַנָּבִיא Harachaman: Eliyahu HaNavi
28	הָרַחֲמָן: יְבָרֵךְ אֶת אָבִי Harachaman: Yevarech et Avi
29	Mimarom | מִמָּרוֹם
30	Harachaman: Yizakeinu | הָרַחֲמָן: יְזַכֵּנוּ
31	Oseh Shalom | עוֹשֶׂה שָׁלוֹם
32	Y'ru Et Hashem | יְראוּ אֶת ה׳
33	R'tzay | רְצֵה
34	Harachaman for Special Days | הָרַחֲמָן
35	Brich Rachamana | בְּרִיךְ רַחֲמָנָא
36-37	Al Hamichya | עַל הַמִּחְיָה
38	Borei Nefashot | בּוֹרֵא נְפָשׁוֹת
	בְּרָכוֹת לִשְׂמָחוֹת **Celebrations**
39-44	Brit Milah | הָרַחֲמָן לִבְרִית מִילָה
45-51	Sheva Brachot | שֶׁבַע בְּרָכוֹת
	קִידּוּשׁ לְלֵיל שַׁבָּת **Friday Night Kiddush**
52	Shalom Aleichem | שָׁלוֹם עֲלֵיכֶם
53	Aishet Chayil | אֵשֶׁת חַיִל
54	Kiddush | קִידּוּשׁ
55	Azamer Bishvachin | אֲזַמֵּר בִּשְׁבָחִין
	קִידּוּשׁ לְיוֹם הַשַּׁבָּת **Shabbat Day Kiddush**
56	Hashem Ro·ee | מִזְמוֹר: ה׳ רֹעִי
57	V'shamru | וְשָׁמְרוּ
58	Im Tashiv | אִם תָּשִׁיב
59	Kiddush | זָכוֹר אֶת יוֹם הַשַּׁבָּת
60	Al Kein | עַל כֵּן
61	Asader LeSeudata | אֲסַדֵּר לִסְעוּדָתָא

Trax CDs Series

See more wonderful educational tools at:
www.ToolsforTorah.com

01 — Tefila Trax II

02 — Bentching Trax II

03 — Kabalat Shabbat Trax

03 — Shabbat Trax

04 — Holiday Trax

If you have a CD please let it "rest" on Shabbat and the holy days.

79594900R00072

Made in the USA
Las Vegas, NV
23 October 2023